10年着るための
衣類ケアブック

おしゃれと手入れの
楽しみかた

COMODO
CARE BOOK

石川理恵 取材・文
COMODO編集部 編

はじめに

衣類のケアをはじめましょう

いろいろな服を買って、さんざん失敗もして、
だんだん自分の好きな服、似合う服がわかってきたとき。

「この一枚をなるべく長く着続けることができたら」と、思うようになります。

それなのに……

お気に入りのシャツにシミをつけてしまったり。
いつも着ているTシャツのくび回りがのびてしまったり。
去年のワンピースを出したら、えりや脇が黄ばんでいたり。

大好きな服がダメになったとき、やるせない気持ちが押し寄せてきます。

だからといって、シミになるのがイヤで白い服を買うのをあきらめるとか、
夏服はワンシーズン限りと割りきるのは、もっと残念なこと。

今回、おしゃれ好きな人たちやクリーニングやリフォームのプロなどに
取材をして、服を長持ちさせるコツをうかがったところ、
ちょっとした日々のお手入れ次第で、トラブルが減ることがわかりました。

洗濯機の使いかたを見直したり、着るたびにさっとブラシをかけたり、
じつは意外に簡単なことが服の寿命を左右しています。

また、自分で手入れするのがむずかしいときには、
ただお店に出すのでなく、プロが行うケアや直しがどういうものか、
どこまでやれるのかを知っておくと、依頼や相談もしやすくなるでしょう。

やっと出会えた好きな洋服、似合う服を、これから10年着ていくために——。

本書では、自分できるお手入れを中心に、保管やお直し、
クリーニング選びなど〈衣類ケアの基本〉について、紹介していきます。

おしゃれごよみ

服のケア春夏秋冬

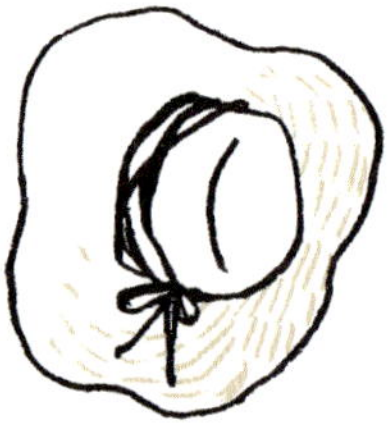

春 spring

ようやく暖かくなって、コートを脱ぐのがうれしい季節。一年の中でも気候がいい時期なので、はやめに衣替えを進めても。

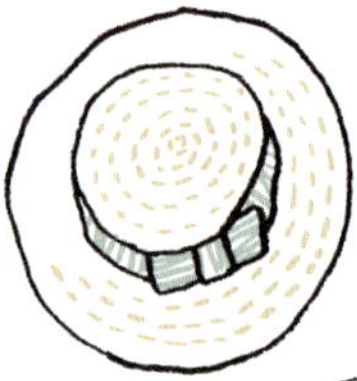

夏 summer

雨が降ったり、汗をかいたり、洗濯に忙しくなります。真夏の洗濯にはお湯を使って、すっきり洗いましょう。

3月

・花粉がとんだ日は上着にしっかりブラシかけを
・洗濯物を外干しするなら花粉の少ない夜から早朝に

4月

・春物デビュー
・そろそろウール素材は避けて、コートをクリーニングに出す

5月

・夏日がやってきます。半袖を出しましょう
・天気のいい日に衣替えをしても。防虫対策を忘れずに

6月

〈衣替え〉夏服がはじまります
・梅雨入り前に洗濯機のクリーニングを
・雨降りの日の洗濯は室内干しでしのぎます

7月

・汗を吸った服はそのままにせず、丸洗いか部分ケアを

8月

・帽子が欠かせないころ。かぶるたびに汗をふきとって
・洗濯物がよく乾くけれど紫外線には要注意

秋 autumn

夏服をしまうときは、しっかり汚れを落としてから。
年末の大掃除の前に、ワードローブの見直しをしても。

9月

・涼しくなる前に長袖を準備
・浴衣を着たら衣替えの前に丸洗いをしておきます

10月

〈衣替え〉冬服がはじまります
・夏服のクリーニングはウエットクリーニングも検討

11月

・そろそろコート類を出しましょう

冬 winter

冬物は洗濯回数が少ない分、普段の部分ケアが服の長持ちの秘訣に。
コートやジャケットなどは、こまめなブラシかけできれいを保って。

12月

・ウールの出番が増えてきます。セーター類は手洗いに挑戦

1月

・パーティー服は一度しか着なくてもケアしてから保管

2月

・乾燥する日が続いたら、意識して革もののケアを

※居住地域によって前後します。

10年着るための衣類ケアブック
おしゃれと手入れの楽しみかた　Contents

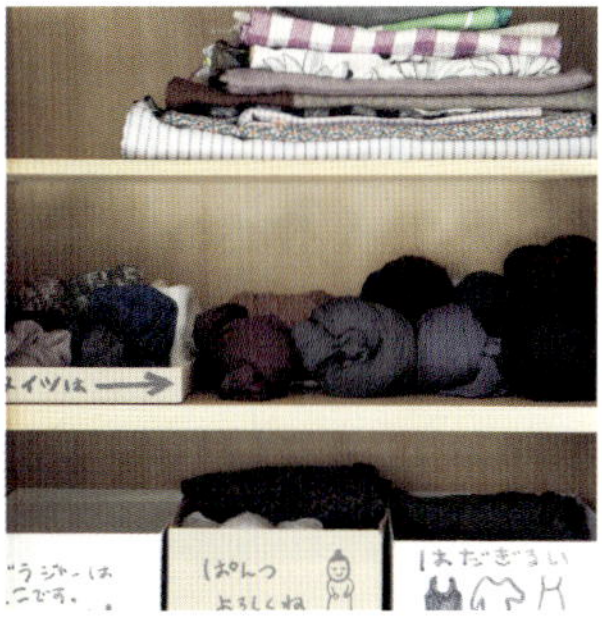
ぱんつ
よろしくね
はだぎるい

Contents

Part 4

スペシャル・ケア

より楽しく着るための
ひと工夫

Part 5

シーズン・ケア

季節に応じた
管理のすすめ

Part 6

プロフェッショナル・ケア

ときには頼りたい専門の技術

Contents

Part 1

あの人にきく、おしゃれと保管・ケア

大好きな服を長く着るために

せっかく出会えたお気に入りの服だから、きれいに、長く、着られるように。おしゃれが好きなあの人には、自分なりの服選びの視点と、洗いかたやしまいかたのコツがありました。

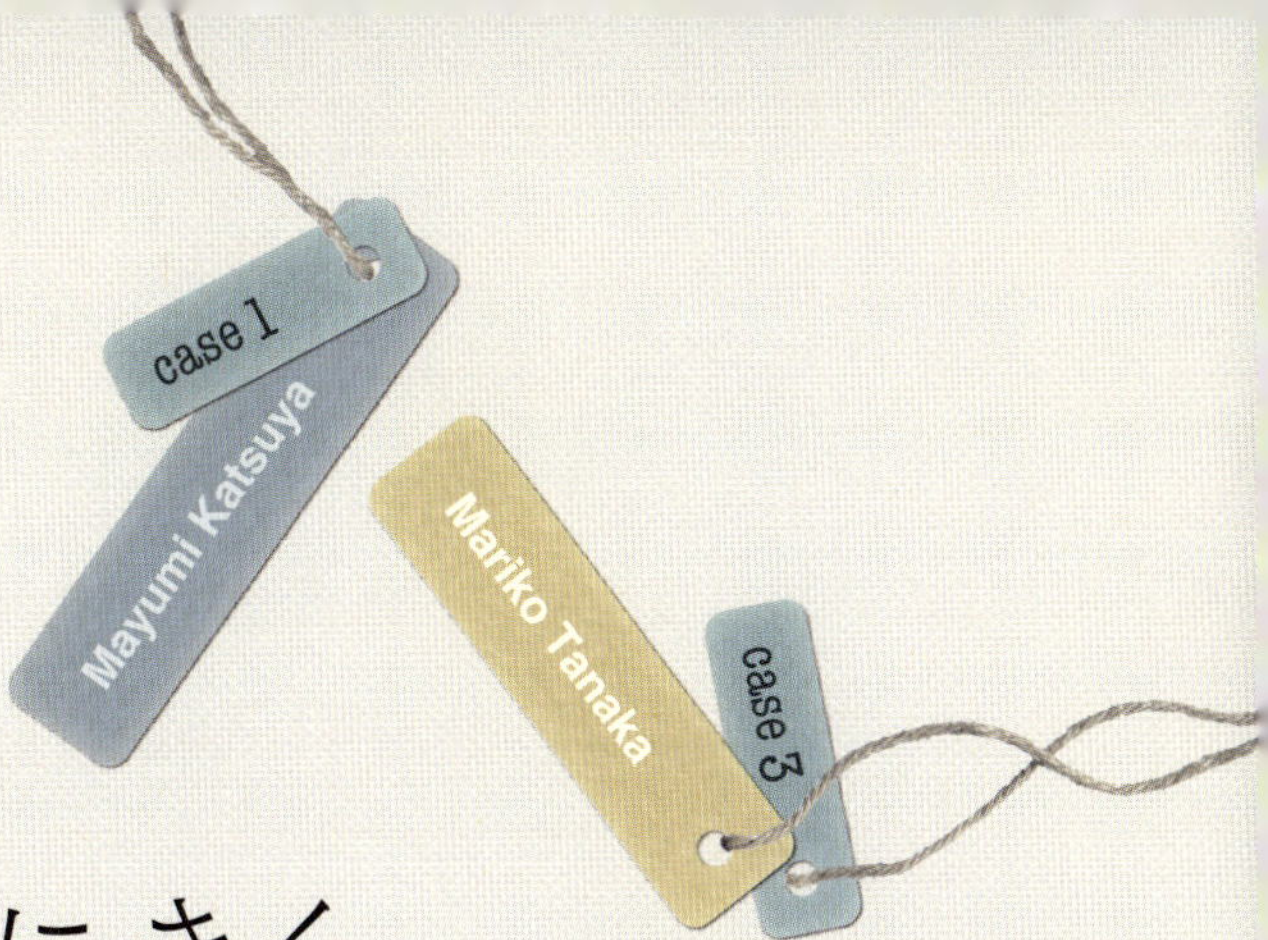

Part 1
あの人にきく、おしゃれと保管・ケア

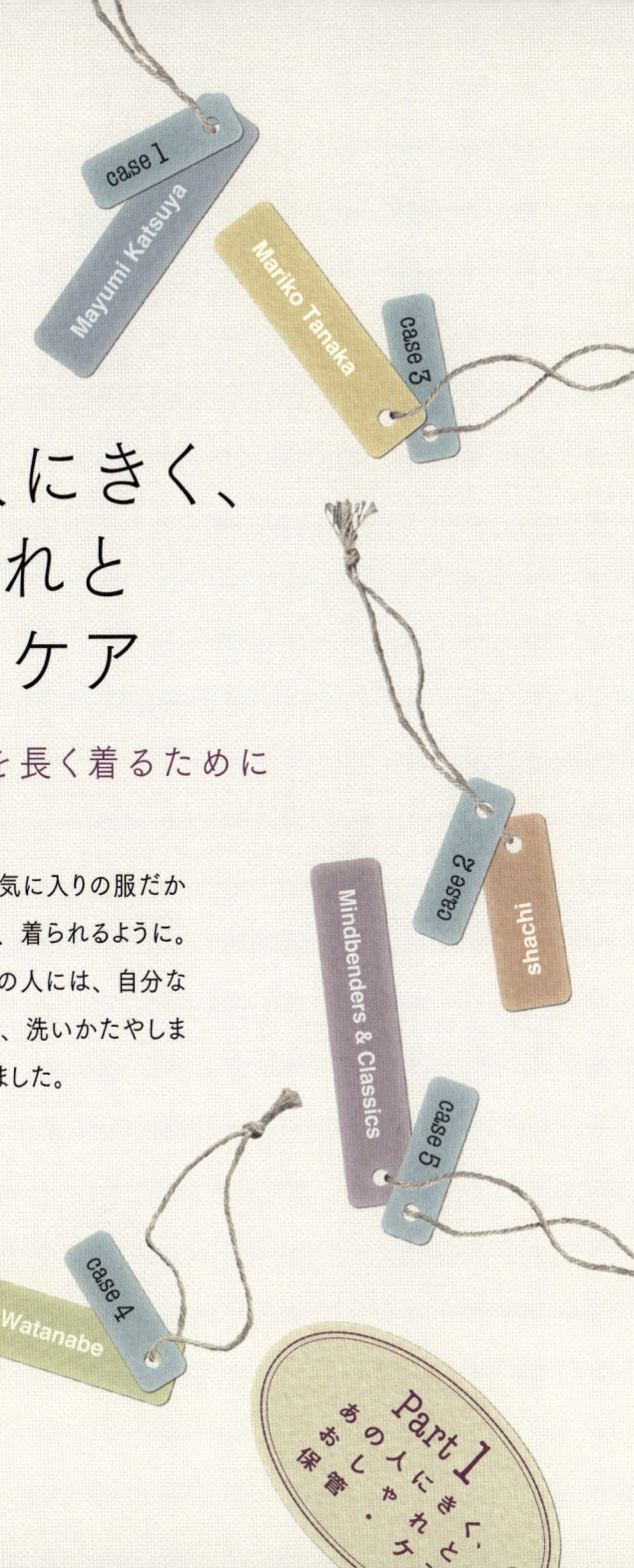

心が晴れやかになるような おしゃれがしたい

長年、ファッションの仕事に身をおき、さまざまな流行を見つめてきた勝屋さんですが好きなものは子ども時代からそう変わらないと話します。服を着るのは元気になるため。繕いものをするのはストレス解消。着心地重視に行き着くまでのあれこれを語っていただきました。

Part 1
あの人にきく、
おしゃれと
保管・ケア
case 1
勝屋まゆみ

黄色の中でも「青みがかった、冷たい感じのする黄色が好き」と勝屋さん。理想通りの発色のニットは、「ハウ トゥ リヴ」のオリジナル。ピーコートのようなダブルの打合わせに貝のボタンをあしらっている。

同じ服を続けて着るのも大丈夫

「中学生、高校生の頃は、今よりもっとおしゃれに夢中だったかもしれません」と、懐かしそうにふり返る勝屋さん。東京の下北沢にあったお気に入りの生地屋さんに通い、好きな生地を買ってきては、自分が着たい服のデザインを考え、お母さまに縫ってもらっていました。

「その頃の憧れといえば、アメリカのテレビ番組の影響があったと思います。チェックの生地を買ってきて、冬のスカートを縫ってもらったりね。でも、当時はみんなそうでしたよ。母に服を作ってもらうのはめずらしいことではなかったんです」

　おばあさまもお母さまも針仕事をする家庭に育ち、勝屋さん自身も小学生の頃から、当たり前のように針を持って、ちくちくと縫い物をしていたそう。

「私ね、着せ替え人形が大好きだったの。小学生の頃から、人形に服を作っては、着せて遊んでいました。たしかその頃に、バービーやタミーが出てきて。ちょうどおもちゃのミシンを買ってもらっていたので、さらにいろいろ作るようになったんです。海水浴に行くからと水着を縫ったり、シーンを思い浮かべて、好きなおしゃれをさせていました」

　勝屋さんがとくに興味を持っていたのは生地でした。

「その頃は私、棒針編みの知識がなくて、編み物といったらかぎ針編みだったんです。よく見かける棒針編みのニットを作りたかったんだけど、作りかたがわからない。かぎ針で何本もく

勝屋まゆみ　かつやまゆみ（デザイナー）

武蔵野美術大学でテキスタイルデザインを学んだ後、テキスタイルデザイナーのヨーガン・レール氏に師事。「伊勢丹研究所」でのファッションコーディネーターなどを経て、現在は自身のブランド「how to live（ハウ トゥ リヴ）」を主宰。キャンバス地を使ったバッグ、リネンやコットンを使った上質なウエアを提案している。

http://www.howtolive.biz/

「大柄だから日本の服が着られなくて」と、普段は自身のブランドの服を着こなす。ニット、ボーダー、デニムと、カジュアルなスタイルが好き。

パリの「Caravane」は「ハウ トゥ リヴ」のアイテムも扱うインテリアショップ。そこで買ったコットンのジャケットは、黒のステッチがぎっしりと並び「とても好みだった」と勝屋さん。夏はいつもカバンに入れて持ち歩き、室内などで肌寒いときにはおっている。

case 1

Mayumi Katsuya

さり編みを作り、それを並べて『どうやったらああなるんだろう?』なんてやっていました(笑)」

〝好き〟の思いはまっしぐらに、大学ではテキスタイルデザインを専攻。卒業してから現在まで、テキスタイルデザイナー、ファッションコーディネイターと職種は変われど、ずっとファッションの仕事ひと筋です。

好きなものは子どもの頃から、そう変わってないと話す勝屋さん。「でも、違いというと最近は、続けて同じ服を着るのが大丈夫になったわね。やっぱり若い頃は違う服が着たかったんです。でも、今は着心地重視。気持ちがよくて元気になれる、心が晴れやかになるようなおしゃれがしたい。気分優先の結果、お気に入りの服ばかりを着続けたくなるんだと思います」。

素材と色。自分の好きに忠実に

「私は、とにかく素材と色で服を選びます。好きだから買うでしょう。それがそのまま変わらないから、結果として何年も同じ服を着ることになるんです」

　勝屋さんが好きなのは、着心地のいいウールのニット、インディゴ染めやデニムのパンツ、白い靴、白いTシャツ。カジュアルで動きやすく機能的なもの。きゅうくつでないもの。

「好きな色は、白と黄色。でも、黄色ならなんでもいいわけじゃないんです。私が好きなのは、青みがかった、冷たい感じのする黄色です」

　背が高い勝屋さんは、日本製ではサイズが合わず、日本で買い物することはほとんどありません。自身のブランドの服を着るか、それ以外は海外で買い物をすることが多いそう。

「パリの『Caravane』というインテリアショップで買ったジャケットは、シーズンになるといつも持ち歩いているほど気に入っています。店主の個性がはっきりわかるお店は、見ていて楽しいですね。『マルタン・マルジェラ』のカジュアルなものも、パリに行ったときには必ずチェックしています」

　ひと目惚れしたというマルジェラのコートは、まるでアンティークのようにひんやりとした生地の表情をしています。

「服づくりをするときも、気に

幾何学模様が目を引く鮮やかなニットのスカートも、「ハウ トゥ リヴ」のオリジナル。

「マリテ＋フランソワ・ジルボー」のパンツは20～30年ほどはいている（左の２本）。右は最近のお気に入りで「ジュンヤワタナベ・コムデギャルソン」のデニム。

10年程前、赤いカギのラインが気に入って、即購入を決意したという「マルタン・マルジェラ」のコート。海外だとサイズの合う服に出会える。

入った生地に出会わないと始まらないんです。生地はとにかく大事。思い通りの生地がないときは、服作りをあきらめることもあります」

勝屋さんの大学時代はヒッピームーブメントに続いて、DCブランドが全盛期に。世の中のファッションが移りゆくなかで、おしゃれの指針になったのはある一冊の本でした。

『チープ・シック』（草思社）という本があるでしょう？ 70年代にあの本を読んで、すごく影響を受けたんです。最近になって読み返したんだけれど、ああ、自分にはこの考えがすり込まれているんだなって、つくづく思いました」

その本に書かれているのは、ファッションメーカーのいいなりになったり、流行にふり回されたりせず、ベーシックを基本にしながら自分自身の生きかたにぴったり沿うような服を着ていこう、という提案。前書きにある「昔からの仲のいい友だちとおなじように、いつまでも大事にしていくのです」との言葉は、まるで勝屋さんの服とのつき合いかた、そのもののようです。

気に入っている服が着られなくなるのは悲しいから

　勝屋さんの著書に、自分でお直しをしながら着続けている服や小物を紹介した『繕いノート』（文化出版局）があります。虫に喰われたカーディガン、穴のあいた靴下、すり切れたコートの袖口、ほつれてしまったスカートの裾――。

　それらのほころびを隠すことなく、むしろのびのびと鮮やかな糸で繕って、新品のそれとはまた違った魅力ある一枚に生き返らせています。

　勝屋さんは子どもの頃から日常的に、穴があいたら繕ってを繰り返してきたそう。

「穴があいたことで、気に入っているものが着られなくなるのが、とにかく悲しくて。中学生の頃にはもう、自分で靴下を繕っていたと思います。最初の頃は繕うのが恥ずかしくて、目立たないように縫っていたんです。でも、繕い跡を見ているうちに『けっこうかわいいかも』なんて思うようになって……。だんだん表に見せるようになりました」

　ひそかにかわいがりながらも、いちおうは影の存在にしていた〝繕い跡〟が、あきらかな作品に昇華したのは10年以上前に手がけた一枚のカーディガンがきっかけでした。

「すごくいいカシミヤのカーディガンだったのに、大事にしすぎてしばらく袖を通さなかったら、見事に虫に喰われてしまったんです。ほんとうにショックで悲しくて。これはもう隠しようがないし、なんとかしなくてはと、思い切って赤い糸でクロス模様に繕いました。すると、白いカーディガンだからそこだけが目立ってしまったので、周りにも同じ赤い糸でステッチを入れてバランスをとったんです。そうしたらこれがとてもすてきに仕上がって、周りからも好評でした」

　同じようなものが欲しいという声が上がり、後にこのカーディガンをもとにデザインした商品を、「ハウ トゥ リヴ」で作ることになったそう。

「繕いものは、私にとってストレス解消。靴下や服のほかにも、スカーフ、マフラー、風呂敷、バッグ……。穴ぼこだけでなく、シミを隠したいときにも、ちくちくと運針します。手を動かしているときは楽しいし、何より『あー、もう着られない』とか『使えない』というショックが、繕うことによって解消されるのがうれしいんです」

　着続けたい一心で手を動かし続けるうちに、新品をデザインするときには思いつかないような、ユニークな表現が生まれる結果につながりました。

　繕い跡がかわいく思えるのは、自分の愛情がそこに宿るからなのでしょうか？

　もともと大好きだった服に手仕事がプラスされたとき、とたんに表情が変わり、オリジナリティを発揮することは確かなよう。勝屋さんのちくちくニットをながめていると、わが家にも穴のあいた服はなかったか――などと思い巡らさずにはいられません。

繕いものが作品として注目を浴びるようになった、きっかけのカーディガン。胸のクロスの刺繍が虫喰いを繕った部分で、ほかのステッチやボタンつけの赤糸は、バランスをとって施した。

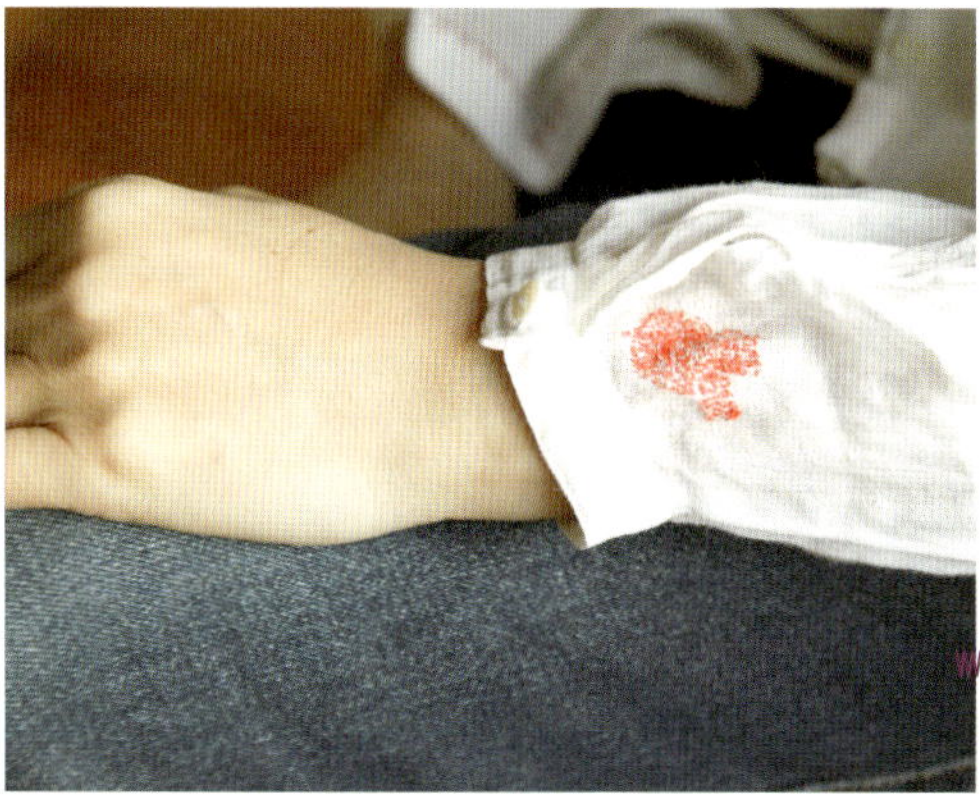

袖口のひっかけ傷には、ランダムにステッチをしてワンポイントに。

「アンティパスト」のなかでも、とくにリネンの靴下がお気に入り。穴があいても繕ってはき続ける。

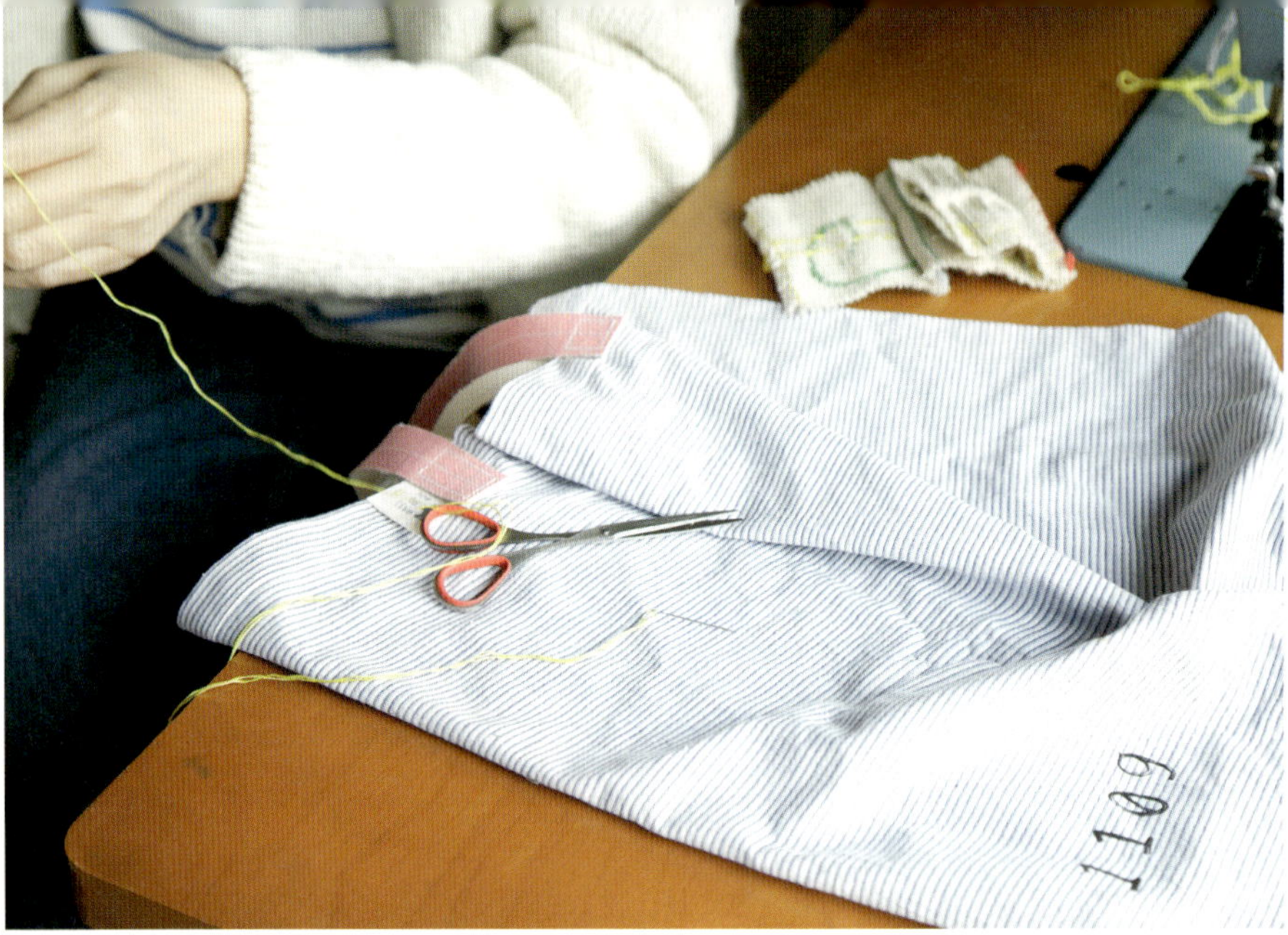

繕いものをするのは、夜のくつろいでいるひととき。
エコバッグについたシミを、大好きな黄色い糸でカモフラージュ。

服に向き合う時間を作る

「縫いものをするときは、なかに計量カップを入れると空間があいて、下の布を一緒に縫ってしまう心配がないんですよ」と、すいすい手を動かしながら教えてくれる勝屋さん。

「習い事が好きじゃないから、ぜんぶ自己流でやってきました。針は刺繍針か、ニットを縫うときは先の丸いクロスステッチの針や毛糸用の針を使います。ふつうに、布に合わせて選べばいいんです。糸は綿の刺繍糸も使いますが、おすすめなのは細いウールの刺繍糸。1本でもボリュームが出るからざくざくと縫えて、素朴な雰囲気に仕上がります。あとは、ハギレからほどいた糸を使うことも多いです。買った糸にはない発色の良さがあるんですよ」

　普段の服の手入れは、何でも自分で洗ってしまうほう。

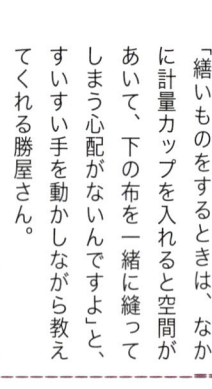

「カシミヤのセーターでも、袖口のあたりだけつまみ洗いして、ネットに入れて洗濯機で洗ってしまいます。そのほうがキレイになるから。クリーニング屋さんを頼るのは、シミができたときですね。世田谷区の北沢に『カラキヤ』さんというすごいクリーニング屋さんがあるんです。どんなシミでもたいてい落としてくれます」

　アイロンはすべての服にはかけないけれど、服の状態をチェックする、とてもいい機会だと話します。

「アイロンをかけると、服の傷み具合がわかるんです。ボタンがとれそうなのも発見できるし、ここがほつれてきたな、と

か、チェックしながらかけています。そもそもアイロンをかけていると、その服の生地やパターンの善し悪しもよくわかります。いい素材を使っている服はパターンもいいし、縫製もいいなって、わかるんですよね。『ハウトゥリヴ』の服も、洗った後で乾きやすいように、アイロンがかけやすいように、縫製の処理を考えて作っています」

服がほころびたら自分の手で直す。汚れた服はたとえ高価な素材でも家で洗う。アイロンをかけながら服の状態をチェックする。手入れとは、服に向き合う時間を作ること。勝屋さんは自分の服のあれこれを、誰より自分で把握している人でした。穴があいても、シミがついてもどうにかなる。いくつもの経験があるから、勝屋さんは今日もおおらかな気持ちで、大好きな服に袖を通します。

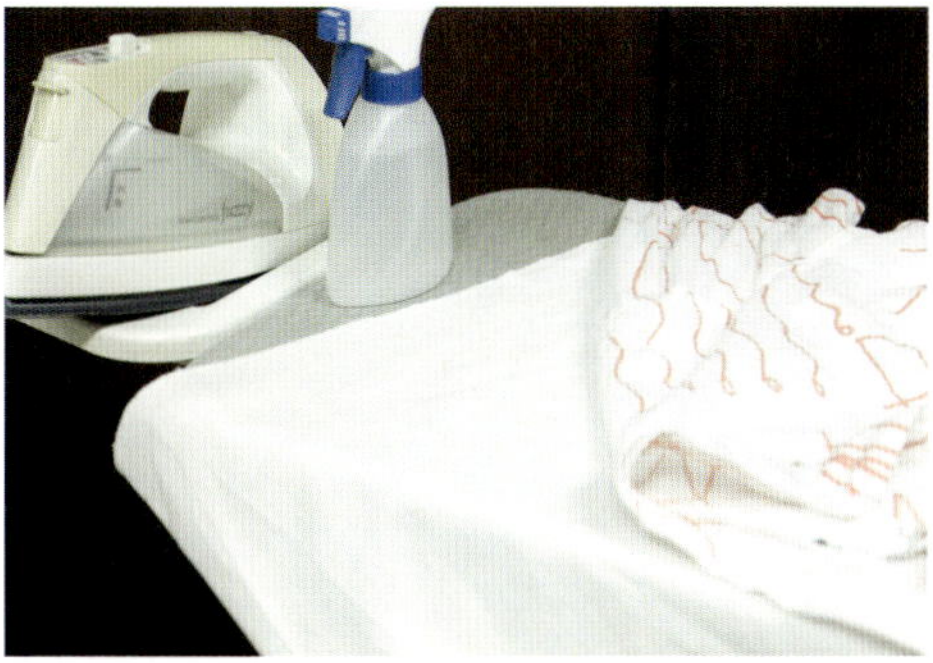

アイロンがけは好き。服のダメージが見つかったり、生地や縫製の善し悪しが把握できる。

いつでも繕いものができるよう、ウールの刺繍糸を常備。これは、イギリス・アップルトン社のクルーウェルウール糸。ハギレからほどいた糸を使うことも（右下）。

繕うための道具たち。左からゴム通し、かぎ針、リッパーなど。針は使う前と後に数をかぞえて管理することを祖母から教わった。

「ミナ ペルホネン」のテキスタイルが大好きで、ずっと大切にはいているスカートの数々。左から happa、multistripe、同じく moonflower など、テキスタイルの名前もしっかり頭に入っているほど。

Part 1
あの人にきく、おしゃれと保管・ケア

case 2

shachi

デザイナーの手仕事を感じる服がすき

毎シーズン、好きなデザイナーの新作を待ちわびてはおしゃれを楽しむシャチさん。定期的にワードローブを見直しているクローゼットには自分が心から着たい服だけが並んでいました。

シャチさんは、知る人ぞ知る小冊子『ユルリナ』の編集発行人。毎号ひとつのテーマを特集し、まるで趣味のあう女の子同士のおしゃべりのように、かわいいもの、おいしいものにまつわる話題を掘り下げています。ガーリーで、ときにマニアックなユルリナ誌面とご本人のおしゃれは、どこか似ているよう。

「私が好きなのは、デザイナーの手仕事が感じられる服。ポケットの位置が変わった場所についているとか、ボタンが凝っているとか、ひとひねりあるものに惹かれます。ボーダー柄でいえば『セントジェームス』のような定番品よりも、しましまの色の組み合わせが変わっていたり、幅がおもしろかったり、どこかに個性を感じるものがいい。ほんとうは、シンプルなボーダーが似合って、それだけでかっこいい人にも憧れます。でも、客観的に見て私は着こなせる雰囲気ではないし、シンプルだと味気なくなってしまうんです。定番のボーダーを着るとしたら、ボトムスにレースのスカートなどを合わせて、コーディネイトでひとひねりを加えます」

　とくに惚れ込むブランドは、「ミナ ペルホネン」と「ヤブ・ヤム（YAB-YUM）」と「ビリティス・ディセッタン（Bilitis dix-sept ans）」。どれも日本人のデザイナーによるものです。

「ミナ ペルホネンがいいのは、生地から作っているところ。好きすぎて、毎シーズン発表になるテキスタイルの名前をすべて覚えていたことも（笑）。でも、私が持っているミナの服はカラフルではなく、落ち着いたトーンが多いんです。無地のアイテムでもどこかディテールが凝っているから、手仕事っぷりを感じてうれしくなります」

　基本的に、色味の強いものはあまり着ないそうで、色づかいはすっきりまとめて、デザインで個性を出すのが、好みのスタイル。

「普段はよくワンピースを着ていて、とくにヤブ・ヤムのワンピースは毎シーズン必ずチェックします。背が低いので重ね着

帽子やヘッドアクセサリーが好きで、冬になると必ず身につけている。「hitomi shinoyama」がお気に入りで、毎シーズン必ずチェック。

をすると重くなってしまうから、一枚で主役になるものを選びたいんです。その点、ヤブ・ヤムの服にはちょっとした遊びがあります」

シャチさんの身長は148センチ。本人いわく童顔で、かわいい服を着ると甘くなりすぎてしまうから、要注意なんだとか。そのあたりのニュアンスには厳密で、ロマンチックとかガーリーというのはOKだけれど、〝ほっこり〟はNGです。

「レースでも、ナチュラルなものだと甘すぎたり、子どもっぽくなってしまう。その点、フランス製のレースを使っているビリティスの服は、上品で大人っぽいところがすごく好みです」

服を着ることは、デザイナーからの発信を受け取ることなんだと、シャチさんの話にあらためて気づかされます。

shachi シャチ（ユルリナブックス主宰）

情報誌の編集者を経て、2004年、小冊子『ユルリナ』を創刊。企画、取材、執筆、デザインをひとりで行う。年に1～2回のペースで、現在まで7号＋別冊2号を発行した。
http://yururi-na-books.com/

フランス製のレースを使った「ビリティス」のブラウスは、どこか上品で大人っぽく着こなせる。

靴は直しながら長くはく。オーダーメイドの「そのみつ」の靴は、色あせがひどかったので、目立たないようにお直しした。

やっと見つけたお気に入りだから

シーズンのはじめには展示会をチェックしたり、ショップをまわったり、今季の買い物をリサーチ。「ちょうどユルリナをはじめた頃から、決まったショップしかのぞかなくなりました。好きなブランドの新作を見てまわるだけで予算オーバーになるので、ほかに手がまわらないだけなんですけどね（笑）」。

買い物は、じっくり悩みに悩んでから、ほんとうに気に入った一枚を選びます。「迷っているうちに売り切れてしまうこともしょっちゅう。そのたびにがっかりするけど、それでも衝動買いはできないんです」。

たとえデザインがよくても、自分が着たときの全身のバランスが悪かったり、サイズ感が合わなければ、買うのをあきらめ

毎年、着実に増えている「ヤブ・ヤム」のワンピース。エプロンドレスなど、なんてことなさそうで、ほかではなかなか見つからないデザイン。シーズン前からコレクションをチェックして早めに買う。

ることもあるのだそう。

靴のサイズも21・5センチと、既製品ではなかなか好きなものが見つからないなか、オーダーメイドの「そのみつ」の靴は理想的だと話します。手作りの革靴でもゴツさがなく、細めのラインで色使いもきれい。服に色味がない分、靴や靴下でポイントカラーを入れるようにしているそう。「やっと見つけたお気に入りの靴なので、すりへったり、壊れたりしても、お直しに出しながらはいています」。

それは服も一緒で、ビリティスのブラウスにつけたシミが、クリーニングでも落ちなかったときには、ネットで北海道にある「染み抜き化学研究所」を知って、落としてもらいました。送料込みで5000円だったけれど、まだまだ着たい服だと思えば迷いはありません。

和室の押し入れをリフォームしてクローゼットに。もともと服は厳選しているが、この家に引っ越すとき、さらに見直して量を減らした。全シーズンの服をまとめてここに収納している。

服は一か所にまとめて、衣替えもなし

築27年のテラスハウスを、最小限にリフォームして暮らしているシャチさん。もとは和室の押し入れだった場所を、自分専用のクローゼットとして使っています。「押し入れのままだと、ワンピースやコートなど丈の長い服がかけにくいから」と、中央の棚板をはずして、ポールをつけるだけの簡単なリフォームをしたところ、断然使いやすくなりました。

　一間分のスペースの、向かって左側にブラウスやスカートなどの短い丈の服を、右側にワンピースやコートなど長い丈の服をしまっています。Tシャツなどのたたむ服や、靴下などの小物類は、引き出しに収納。白でそろえた収納ケースは「無印良品」と「イケア」で、ぴったりのサイズを探しました。

　1〜2年のあいだに出番がなかった服は、つぎの誰かに譲り渡そうと、年に一度はフリーマーケットに参加し、ワードローブを見直す機会を作ります。だからクローゼットには、つねに着ている服だけが残っている状態。5年以上はいているスカート、10年着ているコートなど、自分にとっておなじみの服が何枚も並んでいるのはうれしい光景です。

　全シーズンの服がここにあるから、衣替えも必要なくなり、管理がラクになりました。シーズンが終わると、まとめてクリーニングに出すのが、季節ごとのお手入れです。

アクセサリーは、何かつけないと落ち着かない。花モチーフや、タッセル・アーティストの「Les Six」のものが好き。見通しよく、クリアケースにまとめて。

「アンティパスト」の靴下に出会ってから、靴下が消耗品という価値観ががらりと変わった。服が無地のときは、足もとに柄を持ってきて遊ぶ。引き出しに丸めて選びやすく収納。

手洗いするのが好き

「家をリフォームするときに、〝洗面所で洗濯できるようにする〟ことがゆずれなかったんです！」と明るく話すシャチさんは、広々とした流し台にしたくて、実験室で使う大きなものを取り寄せました。「とくに大切なものはクリーニングに出すけれど、なるべく手洗い」という洗濯好き。

「ラベルの表示に手洗いダメって書いてあっても、大丈夫そうだなと思うと、独自の判断で洗っちゃいます。意外に大丈夫なんです」

服についたシミなども、固形石けん＋洗濯板でゴシゴシ洗うと、けっこう落ちるのだそう。合成洗剤は使わず、洗濯機では液体石けんの「arau.」を愛用。ほんのりハーブの香りで、石けんの中では使いやすいことからリピートしています。

服のお手入れまわりで、ほかにもおすすめをたずねたところ、サシェとハンガーを見せてくれました。サシェは、重曹にエッセンシャルオイルを含ませたもの。捨てられずにとっておいたハギレで包んだお手製です。

ハンガーはドイツ製の「MAWAハンガー」といって、かけた服がずり落ちない素材でできています。「ちょうどネットで安く買えるショップを見つけたので、ハンガーはぜんぶこれに買い換えました。薄いから場所をとらずによりたくさんの服がかけられるし、ハンガーが揃っているとクローゼットがすっきり見えて気持ちがいいんです」

洗濯、収納など、ついめんどうだと思ってしまう作業も、こんなふうに積極的な気持ちで取り組めば、日々の楽しみのひとつに変わっていきます。

洗濯板があると、やる気がアップ。うっかりつけたシミや、シャツのえりもとなど、ゴシゴシ洗ってすっきり。

東急ハンズなどでも取り扱う「MAWA（マワ）ハンガー」は、服がずり落ちないようにできている。肩幅やかけるものにあわせて、さまざまなサイズやタイプがある。ネットでまとめ買いがおすすめ。

かわいいハギレを使って、サシェを手作り。中には重曹＋エッセンシャルオイルが入っている。クローゼットの引き出しにしのばせて。

クローゼットにあるのは私にとって「大丈夫」な服

雑誌や書籍の編集者である田中さんのおしゃれは、自分なりのルールの上に成り立っています。服のライン、えりの形、丈の長さ――。体型コンプレックスをなんとかしたくて探した服が、毎日の着こなしをサポートしています。

Part 1
あの人にきく、おしゃれと保管・ケア

case 3

田中真理子

田中さんの定番ブラウスは、「コム デ ギャルソン」の丸えりのタイプ。「布の張り感やパターンが絶妙で、ほどよく体から離れるから着るときれい。えりもやさしい」。毎回、買う度にショップでお直しに出し、短く丈を詰めている。

安心して着たい。〝守り〟の姿勢なんです

数年前まで、出版社で女性誌の編集に携わっていた田中真理子さん。暮らしのページを担当してきた審美眼が、装いにも表れています。すっきりと清潔感があって、シンプルながらもクオリティの高いものを組み合わせたスタイル。きっとおしゃれが大好きに違いないとお話をうかがったところ、「服は好きだけど、おしゃれで自分をアピールするつもりはないんです」ときっぱり。服を着る上でキーワードになっているのは、「安心して着たい」という〝守り〟の気持ちだと笑います。

「10代の頃からの体型コンプレックスをいまだに引きずっていて。おしりが大きい。足が太い。だからすっきり見えるように着ることが大事。鏡の前でいつもチェックするのは、この服は〝大丈夫〟かどうか。おしゃれをして楽しいというより、少しでもカバーしたい。安心して着たいんです」

たとえばね……と、田中さんが広げたのは、Aラインのジャンパースカートです。足もとにむかってなだらかに広がるラインが、全身のシルエットをきれいに見せてくれるのだとか。

「だから私にとって、Aラインは大丈夫な形。同じようなラインの服を素材違いでシーズンごとに何枚も持っています。ブラウスもね、『コム デ ギャルソン』の丸えりと決めています」

色違いでリピートしている「コム デ ギャルソン」のブラウスは、買うときに自分に似合う丈に詰めてもらうという徹底

田中真理子 たなかまりこ（編集者）

大学卒業後、出版社に入社。約30年間にわたり編集に携わり、女性誌を中心に暮らし周りのページなどを担当していた。退社後は、フリーランスで書籍やムックの編集を請け負う。編集した書籍に『「暮しの手帖」とわたし』（大橋 鎮子・暮しの手帖社）、『ハンカチ刺繍』（池田書店）などがある。旅と合唱が趣味。

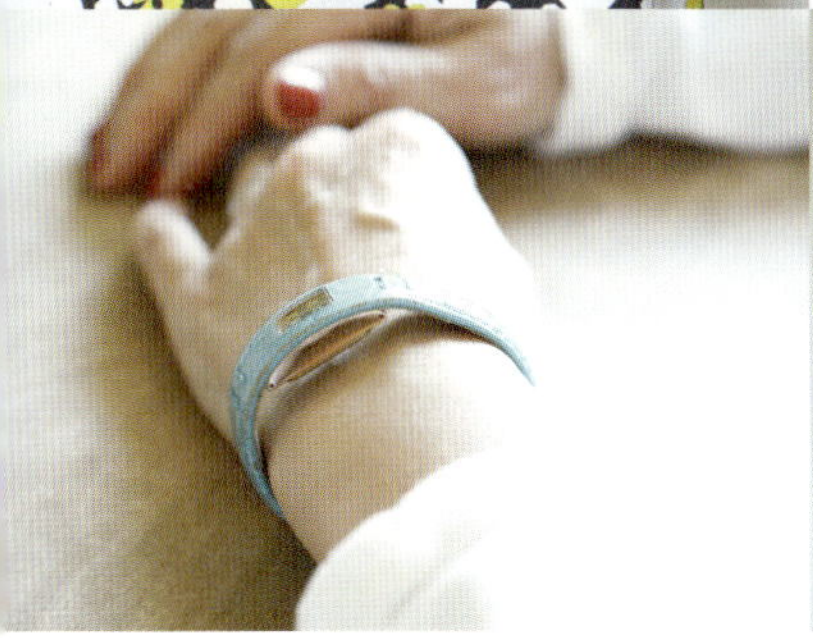

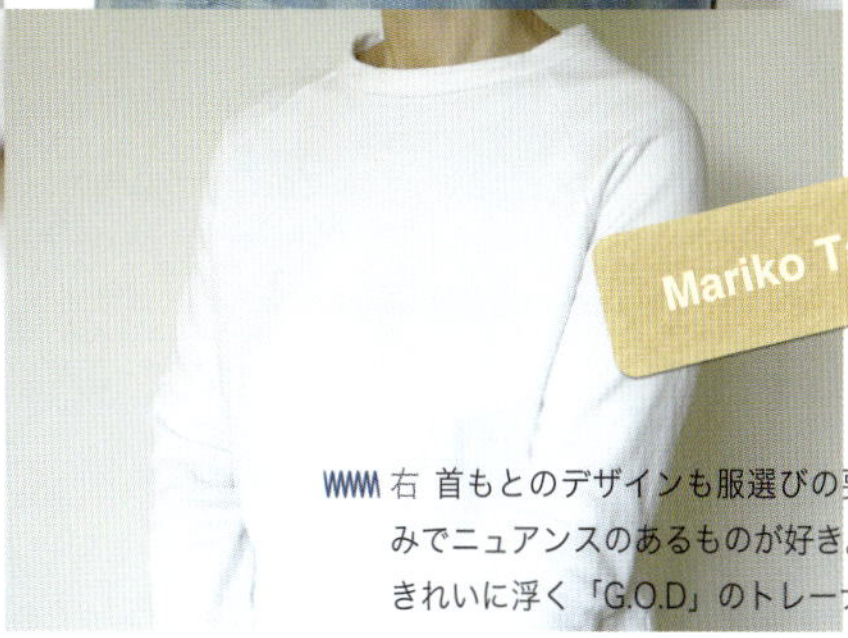

胸もとに切り替えがあるジャンパースカートは、18年ほど前に「コム デ ギャルソン」で購入。当時からAラインを好んでいた。

型紙と生地が選べる「A-materials（エーマテリアルズ)」でセミオーダーしたワンピース。同じ型紙で生地違いをもう一枚持っている。

右 首もとのデザインも服選びの要。詰まりぎみでニュアンスのあるものが好き。えりぐりがきれいに浮く「G.O.D」のトレーナー。

左「ZUCCa」の時計は手首からほんの少し離れるのがブレスレットのようできれい。これ以上厚みがあると目立ちすぎるので、絶妙な加減。

ぶりです。トップスを短めにして、ボトムに少し広がるスカートやパンツをはくと、Aラインに近づいてバランスがいいからなのだそう。

　コレと思ったら、それを追いかける一方で、どんなに素敵な服があっても、似合わなければ潔くあきらめるという田中さんは、自分が服を着ている姿をとても客観的に分析しています。漠然と似合う似合わないを感じるのではなく、「このトレーナーは着るとえりもとが少し浮くから、首のラインがキレイに見える」とか、「切り替え線をなるべく上にもってきたほうが下半身がもたつかず、すっきり見える」など、ちゃんと理由を把握。その積み重ねで、今の自分にとって〝大丈夫〟な服のルールができあがってきました。

子どもが絵に描くような服ばかり

遊びごころときちんと感がほどよい濃いパープルのカーディガンはカシミヤ素材で「n100（エヌワンハンドレッド）」のもの。

田中さんに、好きなブランドをたずねてみました。

「ずっと着続けているのは『コム デ ギャルソン』ですが、私が選ぶのは学生さんっぽいベーシックなライン。一見制服のようですが、生地やパターンが考えつくされているんでしょうね。大人の女性にやさしい服。何割増しかきれいに見せてくれると思う。安心して着られます」

子どもを育てながら会社勤めをしていたから、朝はとっても忙しい。服選びにエネルギーをかけられなくて、コーディネイトにもパターンができました。

「上はブラウス、ニット、下はひだのスカート、ワイドパンツ。それにAラインのジャンパースカートでしょ。子どもが絵に描くようなラインの服ばかりです（笑）」

3枚持っている「コム デ ギャルソン」の縮絨加工のワイドパンツは、たたんでもシワが

「『ZUCCa』では、『ありがとう』といいたくなるような形のいい服が見つかる」と田中さん。フロントの布の重なりがお腹をカバー。

田中さんのワードローブにはボーダーもちらほらとある。このボーダーも、きれいなピンク色のニットも「n100」で。

えり、袖、すその部分のかぎ針編みの縁どりがアクセント。こちらもカシミヤで「コム デ ギャルソン」のもの。

気にならないから、旅行にも重宝。もうひとつのワイドパンツは「ZUCCa」のもので、フロントの布がお腹をカバーしてくれるのが優秀。田中さんがその服を選んだ理由は、つねに明確です。

　クローゼットにはニットのニットやカーディガンが並んでいますが、カシミヤ素材のものが増えています。

「着ているうちに、やっぱりカシミヤはいいなってところに落ち着いたんです。軽いし、温かいし。丸首、タートル、丈が短め。そしてぴったりしすぎず、大きすぎないサイズで着まわしのきくものを揃えています」

　少し前までは、黒や紺などのベーシックな色の服ばかりでしたが、最近は色のあるものも増えてきました。

「よく、年齢が上になると色柄ものが着たくなるとか、いうでしょう？　でも、柄ものが欲しいのではなく、〝この柄だから〟欲しくなるという感じですね。それにコンプレックス隠しもそろそろ卒業しないと。明るい色、着て楽しいものを意識的に増やしつつあるんです」

「コム デ ギャルソン」のポリエステル縮絨加工のパンツは、動きやすい、シワが気にならない、軽い、形がきれいとお気に入り。ベーシックな黒、グレーに、冒険色として白も購入。「着ると気分がはつらつ！いい発見でした」。

「服がベーシックだから、スカーフやストールの布で遊ぶ」という田中さん。服と同じように通年ものに夏用、冬用に分類し、年２回入れかえ。限りあるスペースでも全部見えるようにして収納している。

ニットは着る前日に、ベランダに出しておけば夜露でちょうどよく湿って、シワがとれふんわりする。着用後のシワがひどいときは、スプレーで軽く湿らせてから干してしまう。パンツやワンピースなどもこの方法で。

もともと「服よりも生地が好き」で、布に惹かれて服を選ぶことも多いそう。また、服がベーシックな分、スカーフやストール、バッグなどの小物では、いろんな色や柄を合わせて冒険してきました。最近はその冒険カテゴリーにブローチも加わって、遊びの範囲を広げています。

数年前からフリーランスになった田中さんの今の課題は〝普段着〟の開拓です。「これまでは仕事に着る服、どこかへ出かけるときの服、それとパジャマがあればよかったんです。けれどもその中間の、ちょっと近所へ行くような〝ワンマイル用の服〟が品薄状態」と話す田中さん。新たなテーマを見つけて、ちょっと楽しんでいるようにも感じます。

ラクに着たいから手入れをする

「私の服はシンプルなものが多いので、くしゃくしゃにしまうとシワが目立って感じよく着られません。朝の忙しいときに、コーディネイトのやり直しもいやでしょう。だから、服を大切にするためのお手入れ、というより、ぱぱっとラクに着るためのお手入れなんです（笑）」

　たたむよりハンガーにかけて収納する。ハンガーにかけるときは肩の線を整える。たたむ場合はきれいにたたむ。ニットは着る前日にベランダに干してシワをとる。アイロンがけは服をきれいに整えてからだとラクになる――、事前のひと手間をかけたほうが、服のケアはかえってスムーズになるのだと教えてくれました。

「シワがつかないよう、しまうときにはきれいにたたみます」。このときは面倒でも、やっておけば後々アイロンがけの手間が増えずにすむ。

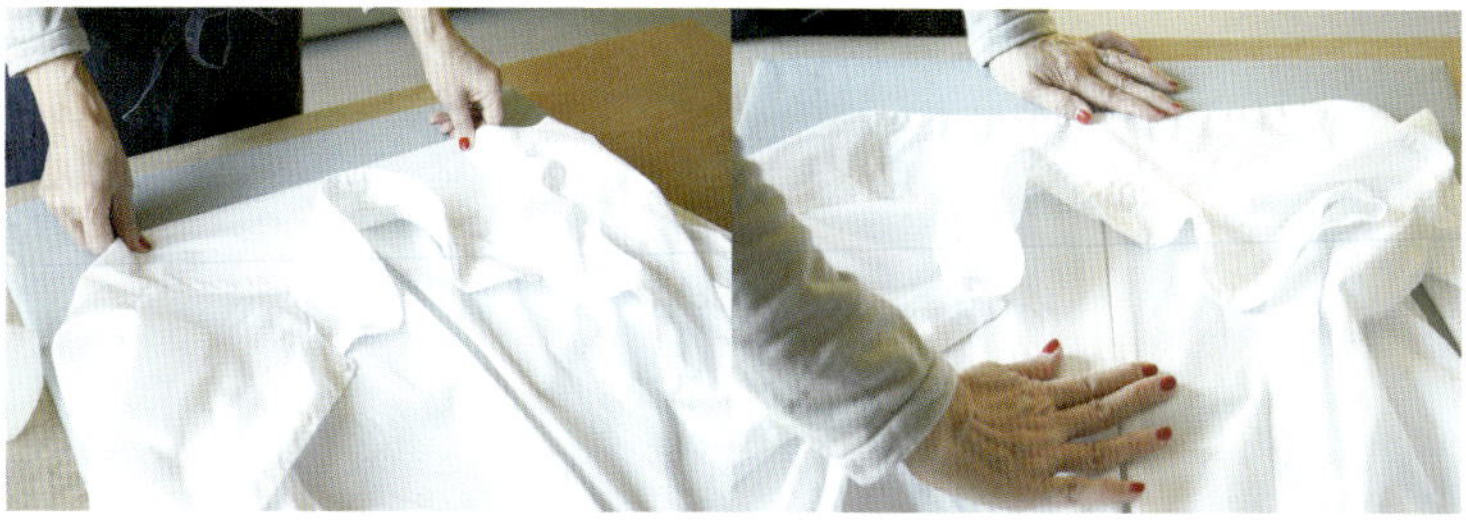

アイロンは、かける前に形を整えるのが大事と取材の機会に生活研究家の阿部絢子先生に教わってから、俄然ラクになった。立体的でむずかしいタックも、こうやってたためば平面になってアイロンがかけやすくなる。

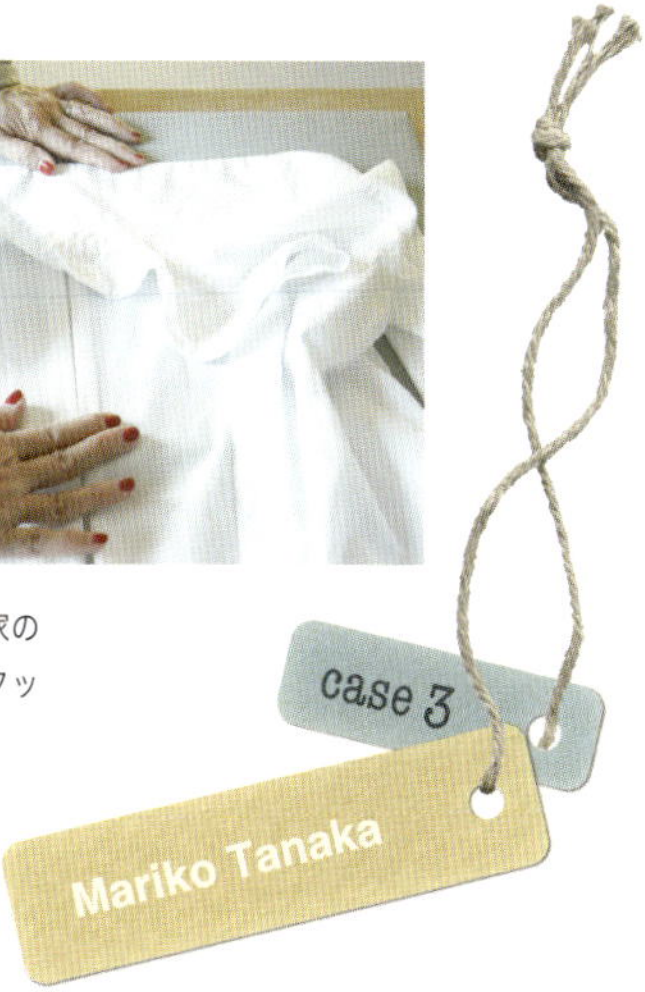

収納にがんばることはないんです

田中さんのクローゼットは、もとは別の目的だったスペースを、ウォークインにリフォームしたもの。

「大きな仕切り以外は、持っているものでなんとか工夫しようと、夫が学生時代から使っている押し入れ用の引き出しや、私が就職した頃に近所のスーパーで買った洋服ダンスを利用しています。気をつけているのは、スペース以上に服を増やさないこと。いっぱいになると服がくしゃくしゃになって結局着ないから処分を考えます」

会社を辞めて時間ができたときに、収納を完璧にしてみようと、まずはキッチンから手をつけたことがあったそう。

「100円ショップでカゴを買ってきて、ひと通りやって気づいたのが、収納はがんばるものではなく、自分が使いやすければいいということ。引き出しは細かく仕切らなくても手前によく使うもの、奥にあまり使わないものになっていればいいとか、服はしまう場所のサイズにあわせてたたむとか。出し入れしやすければ、それぐらいで十分って」

田中さんと話していると、会話のはしばしで「人それぞれだから」というフレーズが出てきます。おしゃれもお手入れも収納も、自分のそれぞれを知ることが第一歩。どう着たいのか、何か優先か、自分の家の収納や持ちものはどのくらいか。向かい合ってみたら、服を着ることはずっと快適になるはずです。

case 3

Mariko Tanaka

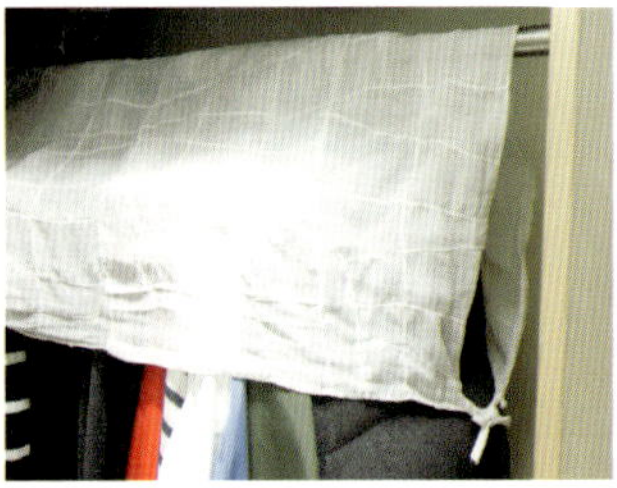

クローゼットの服は、ほこりがかぶりやすい肩の部分に布をかけておく。端にひもをつけて結んでおくと着脱しやすい。

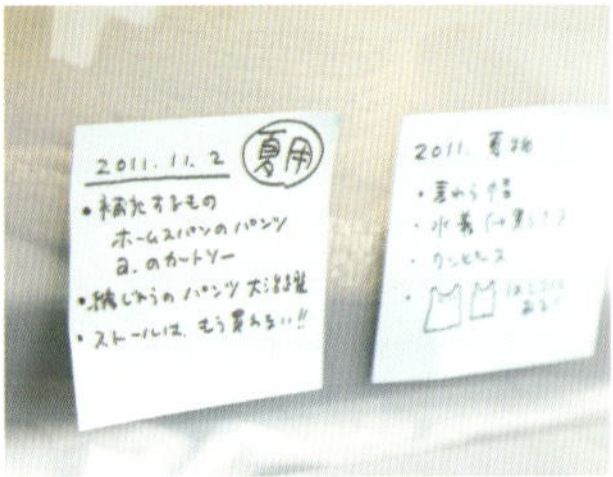

シーズンオフの衣装ケースには、来年の自分宛に〝申し送り〟を貼る。買い足しや、着回しの参考になることを書いておく。

よく使うアクセサリーやハンカチは、引き出しの手前に収納。奥行きがないので最小限引き出せばすむように。

たくさん持っている巻きもの類。出番待ち組は埋もれてしまわないよう、丸めて立てて収納し、見通しよく。

クローゼットの中に置いてある洋服ダンスは、出し入れしやすい目から腰の位置の高さに、とくによく使うものを収納している。洗濯を手伝ってくれる家族にむけて、メモを書いてわかりやすく。

Part 1
あの人にきく、おしゃれと保管・ケア

case 4

ワタナベマキ

服は長く着たいから、選ぶのは定番の形

グラフィックデザイナーを経て、
料理の仕事をするようになったワタナベさん。
年齢とともに、服とのつき合いかたが変わってきたといいます。
そこには、日々、ていねいに料理をすることの延長線上に
服選びの視点がありました。

ワタナベマキ（料理家）

グラフィックデザイナーを経て、日々の食を大事にしたいという思いから「サルビア給食室」を立ち上げる。現在は料理家として、雑誌・書籍でのレシピ提案を中心に活躍中。旬の食材をいかした野菜料理、保存食、乾物料理などが得意。著書に『サルビア給食室のワンプレートごはん』（主婦の友社）ほか多数。
http://www.watanabemaki.com/

右頁／「最近は作家さんが作った服が気になる」というワタナベさん。手仕事を感じさせる草木染めのワンピースは「マキマロ」のもの。洗うほどに生地がくったりして色合いも変化していく。
左頁／半間ほどのクローゼットには、一年中着る服を収納。パンツ類はケースなどを使わず、積み重ねるだけに。

ワタナベさんにとっての〝長く着たい服〟は、ほとんどが定番の形をしています。えりのつまった丸首ニット、太すぎず細すぎずのチノパン、水牛の留め具のダッフルコート——。

「学生時代は〝今着る服〟を安く買うこともありましたが、働いてお金を稼ぐようになってからは、いい服を大切に着こなしている方が周囲にいて、影響を受けました。定番として、ずっと変わらずに愛されてきたものには、理由があるのを感じます。失敗が少ないし、8年前に買ったコートでも、毎年、冬になると『あれが着たい』って思える良さがあるんです」

もともと物持ちはいいほうで、「高校生になっても、小学校時代の服を着ていた」と笑います。年の近い兄弟も、帰宅するとすぐに靴を磨くような、物を大切にする人だったそう。

「兄の姿を見ていたから、靴は手入れをしながらずっとはくものだと思っていたし、服についても自然とそう考えるようになったのかも」

料理の仕事をはじめてからは、職人さんが作る台所道具に興味が向いて、服選びに対しても「手をかけて作られているかどうか」の視点が加わりました。

ふだんは自分が料理を〝作る〟立場として、仕事ではレシピを見る読者の立場を考えながら、家では家族の好みと健康を考えながら、材料や味つけを決めているワタナベさん。〝ていねい〟には作り手の気持ちが込められているもの。それを知っているから、自分もていねいに作られたものを選びとり、気持ちを込めてつき合いたくなるのかもしれません。

右頁 一度気に入ると、同じものを揃えたくなるというワタナベさん。5年ほど前に出会った「アーツ＆サイエンス」のチュニックは、色、形を少しずつ変えながら、毎年1枚ずつ買い足している。薄手のふんわりした生地が、着たときに適度に落ちてきれいなラインに。

上「いいものを着たい」ととくに思うのがコート類。右は「オールド イングランド」のダッフルコート、左は「マッキントッシュ」のゴム引きコートで、ともに愛用歴8年。それぞれ値段ははるけれど、その分、素材にこだわった上質な作り。ベーシックなデザインだから、いろいろな服に合わせることができる。

パンツはシルエットで選ぶ。「chimala」はヒップラインの落ち感がよくて、色違いを3本所有。「MASTER&Co.」のチノパンも形がきれい（右）。ニットやカーディガンはえりのつまったものが好き。色を変えたり（中）、カシミヤを選んだり（左）、ベーシックを守りながらもちょっとずつ変化を持たせて。

ベーシックな着こなしにアクセントをあたえてくれる帽子は、ついつい集めてしまうもののひとつ。夏のストローハットだけでも10個近くあるので、重ねて収納するのがいちばんコンパクトにまとまる。

シャツ、チュニック、ワンピースなどは、シワにならないように、クローゼットにかけて収納。ワンピースでも、着るたびに洗っている。

バッグは、大きめでガサガサと荷物が入れられるものが好き。似ている素材同士を重ねて収納。中央のかごの中にはエコバッグがさらに入っている。

子どもが少し大きくなって、アクセサリーを楽しめるようになってきた。普段使いのものは、小さな箱にまとめて選びやすく。

洗いざらしのままで着られる服が好きで、手入れがいらないものが多いけれど、シャツやハンカチにはピーンとアイロンをかけるのが気持ちいい。料理のスタイリングでも使っている「DBK」のスチームアイロンはデザインもよく、重さがあってプレスがきくところがお気に入り。

衣替えも洗濯も、自分のパターンで

ナチュラル志向のファッション誌を開くと、さまざまな着こなしを紹介しているワタナベさんの姿を見かけます。でも意外にも服の量は、そう多くありません。「同じような服ばかり持っていて」と笑いながら、その収納を見せてくれました。

一般的な間取りのマンションに住み、夫婦ともに自宅で仕事をしているため、服をしまうスペースは限られています。ワタナベさんの服は、3か所に分かれて収納されていました。

まず、クローゼットひとつ分にかかっているのが、一年中着ている服。「ここにあるのは、おもにコットンやリネン素材のチュニックやシャツ、ワンピースです。重ね着をすれば季節を問わずに活躍するから、ほとんどのものは衣替えしません。パンツ類は、たたんでここに積み重ねるだけ。そのほうが選びやすいし、通気性もいいんです」。

これ以外には、夏ならTシャツ類、冬ならニット類を、たたんでチェストにしまっています。それぞれがシーズンオフの時には、衣装ケースに入れて別の収納場所に運びます。

衣替えは、「息子の幼稚園の制服が替わるタイミングにあわせて」、6月と10月に行います。とはいえ、ワタナベさんの服は一年中出しているものが多いので、衣替えはそう大仕事ではありません。チェストと衣装ケースの中身を、入れ替えればOK。Tシャツ類とニット類が季節によって入れ替わるというわけです。

右・中央右　コートはシーズンの終わりにクリーニングに出すので、ときどきブラシでほこりを落としてケアする。生地も整うから、これだけできれいに見える。ブラシは帽子などにも利用。

中央左　洗濯洗剤はいろいろ試したというワタナベさんが今使っているのは、オーガニックで環境に配慮された成分で作られた、「ソネット　ナチュラルウォッシュリキッド」。子どもの服やキッチンのクロスなども安心して洗えるし、泡立ちもいいほう。

左　リネンに染めをしたようなものは色落ちするので、手洗いで。洗剤は使わず、さっと水洗いするだけのことも。

例外なのがコート類。コートは家族のものが1か所にまとめてかけられていて、シーズンが終わる頃にクリーニングに出し、押し入れにしまいます。

こんなふうにワタナベさんの服の管理がスムーズなのは、自分のワードローブをしっかり把握しているから。収納場所が分散していても、ワンピース、パンツ、ニット、コート……と、同じジャンルのものが同じ定位置に、わかりやすくまとめられています。パンツ、帽子、バッグなどは「重ねるだけ」のしまいかたにしているのも、管理のシンプル化につながっています。

普段のケアでは、洗濯機をまわすのが、朝2回、夜1回というパターン。

「朝はキッチン用に使うふきんと、衣類とを別々に洗います。色落ちするものやウールのニットは手洗いをしますが、カシミヤはクリーニングに出しています。夜に洗うのは、バスタオルなどのタオル類。お風呂上がりに使ったものを洗濯機に放り込み、洗濯から乾燥まで自動ですませます。タオルなどは乾燥機にかけてもシワにならず、ふっくら仕上がるので」

料理家として年に数冊の著書を出し、子どもはまだ幼稚園。毎日が忙しくても自分のやりかたをパターン化すれば、やるべきことをため込まずにすみます。それには、適材適所で乾燥機やクリーニングを頼るのも得策。すっきり片づいたクローゼットから今日着る服を選ぶ時間には、ささやかな喜びがあります。

Part 1
あの人にきく、
おしゃれと
保管・ケア

case 5

Mindbenders & Classics

百年、着継がれる服を つぎの人の手に

アンティークやヴィンテージの古着に魅力を見出し
東京・京橋にショップをかまえた
「マインドベンダーズ アンド クラシックス」。
手仕事を愛する店主のおふたりに
古着の良さとそのケアについてうかがいました。

Mindbenders&Classics マインドベンダーズ・アンド・クラシックス（古着店）

19 世紀から 20 世紀半ば頃のヨーロッパ古着を中心に、同時代のアクセサリー、バッグ、靴、布、ボタンなどを扱う専門店。店主の横見夫妻は年に 4 回ほどヨーロッパをまわり、ていねいな手仕事がほどこされた愛されるべき「一級品」と「首をかしげたくなるユニークなもの」を集めている。http://www.mindbendersandclassics.com/

リネンのワークコートは、北フランスで牛の仲買人や羊飼いなどの男性が着ていたもの。刺し子のようなていねいな直しが美しいスカートは 19 世紀初め頃のもの。現存するここまで古い労働着は稀少。インディゴ染めリネンと水玉織り柄コットンのめずらしい生地のコンビ。

店内にはリネンやコットンを使ったシンプルなシャツ、ブラウス類が豊富に揃う。ワンピースなど、一枚で着用できるものも見つかる。

1903～1904年に発行されたフランスの生地見本帳。服の年代を調べたいときの資料にしている。

銀座線の京橋駅からほど近く、古い小さなビルの最上階に「マインドベンダーズ アンド クラシックス（以下MB&C）」はあります。エレベーターは年代物の手動開閉式。重い鉄格子の扉を閉めて上がった先に姿を現すショップは、外の風景とは別世界。アンティークの什器に、古き時代のヨーロッパの服がずらりと並んでいます。誰かに教わらなければ、なかなか足を踏み入れにくい場所かもしれません。しかし、たどり着ければ店主の横見浩士さん、沙代子さんが、笑顔で迎えてくれるはずです。

MB&Cで扱っているのは、おもに19世紀～20世紀半ばぐらいのヨーロッパで着用されていた古着。インディゴ染めのコート、リネンのシャツ、シャンブレーのジャケットなど、普段の装いにもなじむようなシンプルなアイテムのほか、レースのブラウス、繊細なビーズやパッチワークをほどこした美術品のような服も並んでいて、訪れる人の目を楽しませます。

「古着の中でも、〝着られるもの〟を仕入れたい」と話す沙代子さん。これだけのクオリティと品数を揃えるのは容易ではないはずなのに、相場に比べて控えめな値段で提供しています。店主のおふたりの「みなさんに着て欲しい」という思いが伝わってくるよう。

一般的に「アンティーク」は100年以上前に作られたものを、「ヴィンテージ」は30年以上前に作られたものをいいます。MB&Cでとくに層が厚いのはちょうど境目のあたり、今から100年近く前の服。

「当時はヨーロッパのファッションの転換期だったから、お

エプロンやベストなど、コーディネイトに取り入れやすい小物は人気のアイテム。洗いざらした布の風合いが楽しめる。

無地のエプロンは普段の服にも合わせやすく、デニムパンツなどと重ね着をしてスカートのような感覚でも着こなせる。

case 5

Mindbenders & Classics

もしろい服が見つかるんです。19世紀末頃までは装飾的な魅せるための服だったのが、20世紀に入ってコルセットが外れて、1920年代になると服のシルエットが直線的なものに変わっていきました。映画でいえばウディ・アレンの『ミッドナイト・イン・パリ』でタイムスリップしたのが1920年代。でも、テイスト的には『セラフィーヌの庭』に出てくる庶民の服が好きです」と沙代子さん。

　その頃はまだ大量生産への過渡期なので、一枚、一枚の服に人々の手がかけられているのが、何よりの魅力だと話します。

「たとえば、このブラウス（54ページ写真右上）のえりもとの刺繍は手縫いで仕上げられています。もし現代で同じようなものを作るとしたら、手間もコストもかかるし、そもそもこんな刺繍ができる人は少ないかもしれません」

　服は〝着て楽しむ〟のがいちばんの目的だけれど、おふたりは仕入れの際にディーラーにたずねたり、古い文献を調べたりしながら、その服の背景についてもなるべく知るようにしています。ボタンの素材に骨が使われているから、これはちょっと古いもの。コートの脇にポケットのようなスリットがあいているのは、ワークコートによく見られる特徴のひとつ——。材料で年代がわかったり、細工や形から何のときに着ていたものかを判断したり。一枚の古着から、当時の人々の暮らしの様子が浮かび上がってくると、着ることにまたひとつ、楽しみが加わって、おしゃれに向かう気持ちがより豊かなものにふくらんでいきそうです。

1930年頃までにアンダーウエアとして使われていたもの。コットンのニット製で、手縫い。紐でしめるのがアクセントになり、重ね着に使えそう（8500円）。

白いコットンのブラウスは、1910～1920年代のもので、えりもとのレースの刺繍が手縫い。ブラウスやシャツは8000～12000円ぐらいの値段で店に出すことが多い。

case 5

Mindbenders & Classics

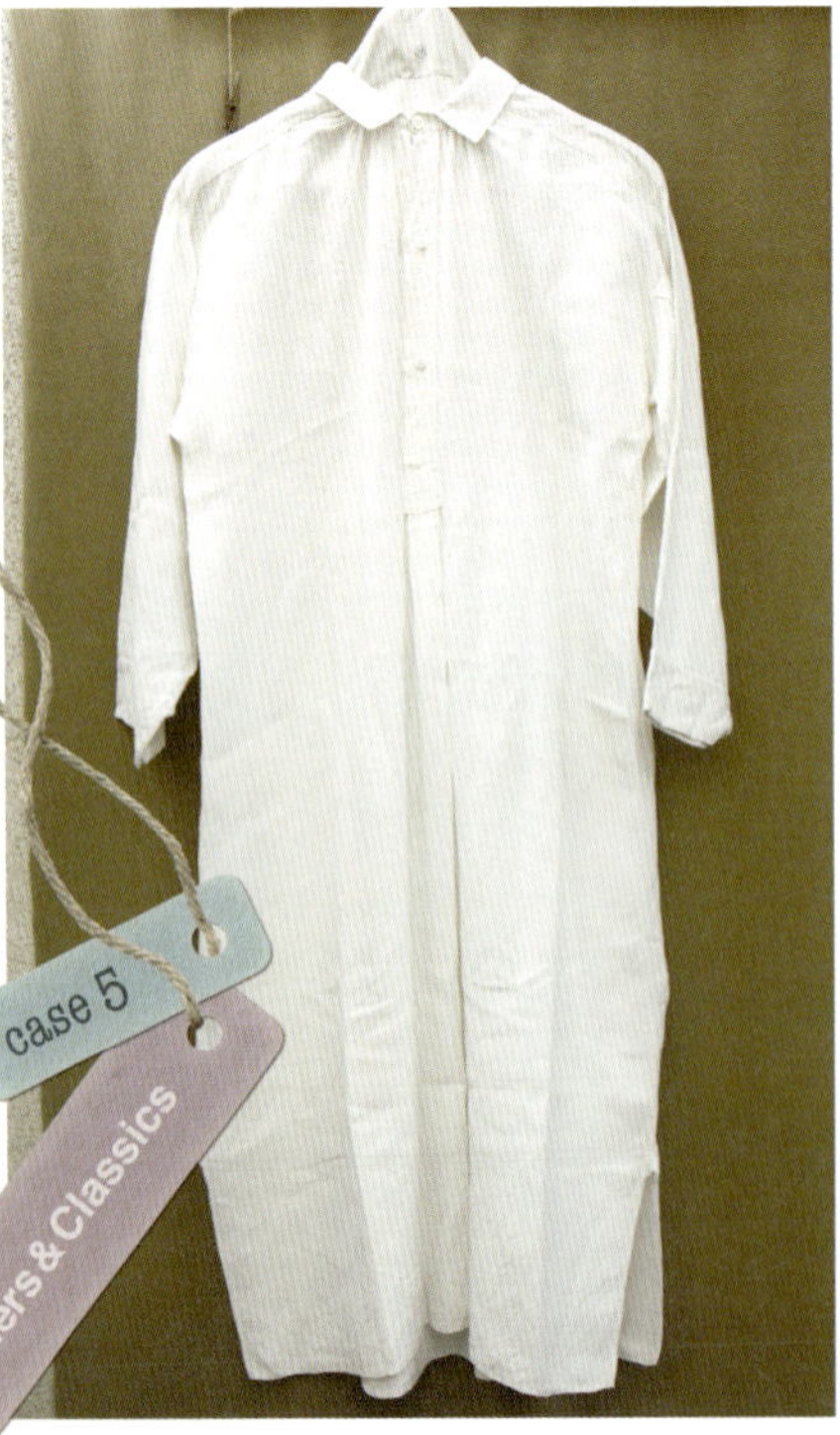

1910～1920年頃のリネンの部屋着・仕事着は男性用だが、女性が大きめに着ても。当時の労働者はお金がなくて、部屋着が仕事着を兼ねていた（8500～12000円）。

上からすっぽりかぶるスモックは、教会で着用されていたもの。えりのひもをしぼって着る。このえりもとの形がめずらしい（12000円）。

1940～1950年代のもの。インディゴ染めのカバーオールはめずらしい。大きめの丸えりは、フランスの服の特徴。ボタンホールは手縫い。

1950年代頃に、フランスの学校で着ていた。キッズ用で女性にもいいサイズ。タグつきのデッドストックで、大量生産されたもの。シャンブレー素材（15700円）。

フランスのラップドレスは、工場で働く女性が衣服の上からはおっていたもので、一般的な形。ワンピースとして着ても。

1930～1950年代、フランスのジョッパーズは、現代の服とも合わせやすいデザイン。裏が起毛で、ピケと呼ばれるコットン素材で作られている。

古い生地ならではの、目がつまった手ざわりに惹かれて

語学留学のためにイギリスに渡った沙代子さん。

　空き時間にアンティークマーケットをまわっている中で、アンティーク古着に魅了されたと話します。

「ヨーロッパは建物も古いものが残っているし、人々の意識に美しいものを大切にとっておく習慣があります。アンティークマーケットで見つけた昔の服には、見事な手仕事が惜しみなくほどこされていて、使い込まれている布の質感にも惹かれるものがありました。洗って、アイロンをかけて……と、くり返してきた布ならではの、目がつまった手ざわりは、今の生地では出せないものです」

　古着の魅力に開眼した沙代子さんは、現地の店で働くようになりました。「ボスがフランス人とトルコ人の夫婦で、扱っているのはレースものから民族衣装まで幅広い品ぞろえでした」と修業時代をふり返ります。

　帰国後の2007年、イギリスで出会った浩士さんとともに、MB&Cをオープン。今では年に4回、それぞれ2週間ぐらいの買い付けに出かけています。

「イギリスで売っているフランスものの価格は高いですが、バイヤーによってセレクトされたよい品が多いです。フランスのアンティークマーケットには、いい古着はほんのわずかしか出てこないので、ある程度の量を持っている現地のディーラーさんにあらかじめアポをとり、会いに行きます。あとは地方で車を走らせていると、ぽつんと見つけたブロカントのショップに掘り出しものが見つかることも。買い付けはたいへんですが、そういうときには、来たかいがあった！　とうれしくなります」

　あまりにも美しい手仕事の貴重な服を見つけると、「お客さまにも見せたくて」と参考品に買うこともあるのだとか。

　とはいえ、品揃えの基本はやはり「着られる服」。アンティークやヴィンテージだからといって特別にかまえず、普段着として楽しめる服を提案しています。沙代子さんは今の服と古着とをミックスして、着こなすことが多いそう。

　そもそも流行はくり返しているから、現在作られている服の中にはアンティークの服からデザインを起こしているものが多くあります。それならばオリジナルに袖を通してみたいし、本物から何かを感じとることができるかもしれません。

　100年も前の服が今でも残っているのは尊いこと。庶民の人たちにとって服はすぐに買えるものではなかったから、繕いながら大切に残されてきた、かけがえのない一枚なのです。

「だから素材を見極めながら、なるべく自宅で洗える古着を仕入れています。自分でお手入れができたほうが、長く着続けることにつながるからです。お客さまにも長く着てもらえたらと思いますし、たくさんの人の手を通しながら、またつぎの世代にも残していきたいです」

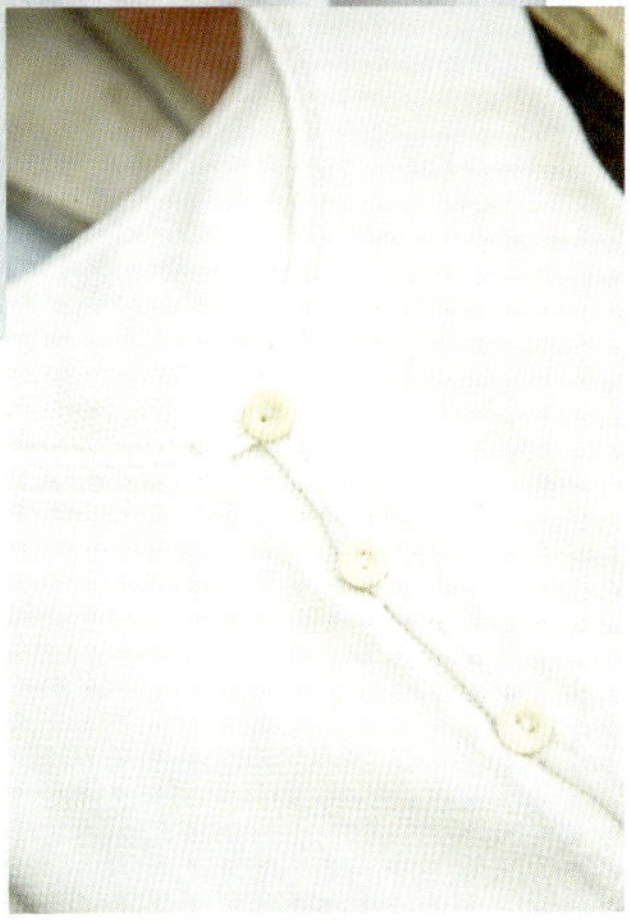

古着には、当時の人がていねいに繕った補修の跡が見られることもしばしば。服や布が貴重なので、破れても直しながら大切に持ち続けた。

ボタンを見ると年代がわかる。この肌着のボタンは、ボーン製（動物の骨）で、比較的古い。ほか、ガラス、貝のボタンがポピュラー。でも、後年つけ替わっていることもある。

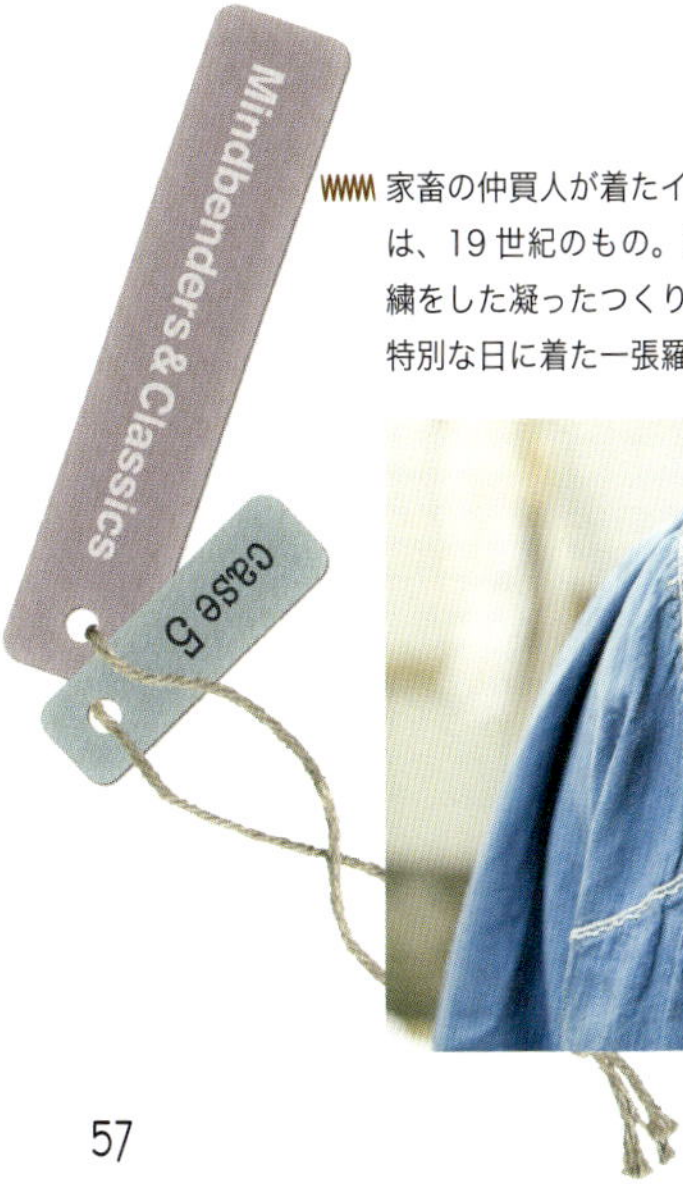

家畜の仲買人が着たインディゴ染めのコートは、19 世紀のもの。フランスのボーヴェ刺繍をした凝ったつくりで、馬の結婚式などの特別な日に着た一張羅と思われる。

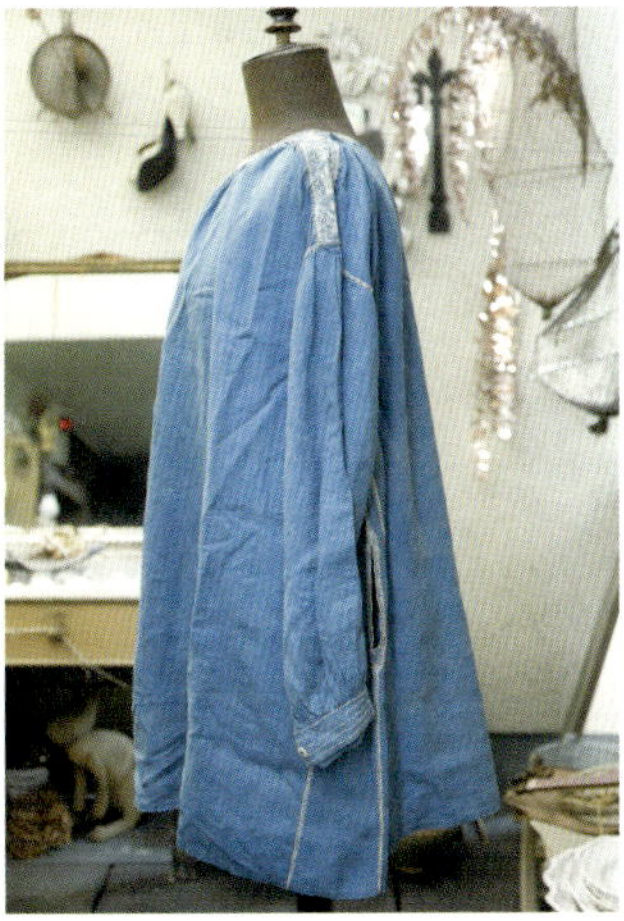

古着の洗濯は自分でするのが基本

ウールのジャケットは、型が崩れないように手洗いをしたり、ネットに入れて洗濯機で洗う。形を整えて干し、シワが気になる場合はスチームアイロンをかける。

古着の洗濯は、生地などの材料が何かを見極め、生地が劣化していないか、縫製が緩んでいないか、シミやほつれはないかを確認してから行います。生地と縫製がしっかりしたリネンやコットンは、今の服のケアと同じで大丈夫。「仕入れたものは店でも一度洗いますが、丈夫な素材なら洗濯機を使います」。

　とはいえ、古着のプロである沙代子さんでも、生地や縫製の弱りに気づかず、何度か服をダメにしてしまった経験があるそ

生地と縫製に劣化がないコットンやリネンの服は、ふつうの服と同じ感覚で扱って大丈夫。ネットに入れて洗濯機で洗う。弱ったものは洗濯機で洗うと破れるので注意。

繊細なビーズの細工は、洗っているとバラバラにとれてしまうことがある。手洗いで様子を見ながらやさしく洗うように。洗えないものもあるため購入時にお店で確認を。

シルク素材は劣化していると、水に入れただけではじけて裂けることも。中性洗剤をうすめにとかし、様子を見ながらやさしく手洗いする。洗えないものもあるため購入時にお店で確認を。

う。「とくにシルクは難しくて、水につけただけで裂けてしまうものも。クリーニング店にもノウハウがないから、引き受けてもらえなかったり、失敗してしまう可能性が高いんです」。手に入れた古着をはじめて洗うときは緊張するけれど、それでも基本は洗剤で洗い、汚れを落とすことが不可欠。汚れが服に残っていると、生地の劣化につながったり、虫もつきやすくなったり、結果として服の寿命を縮めることになります。

コットンでも、ガーゼのような薄手のものは、洗濯機や脱水機にかけるとやぶけてしまうので要注意。やさしく手洗いし、しぼらずに、タオルドライする。

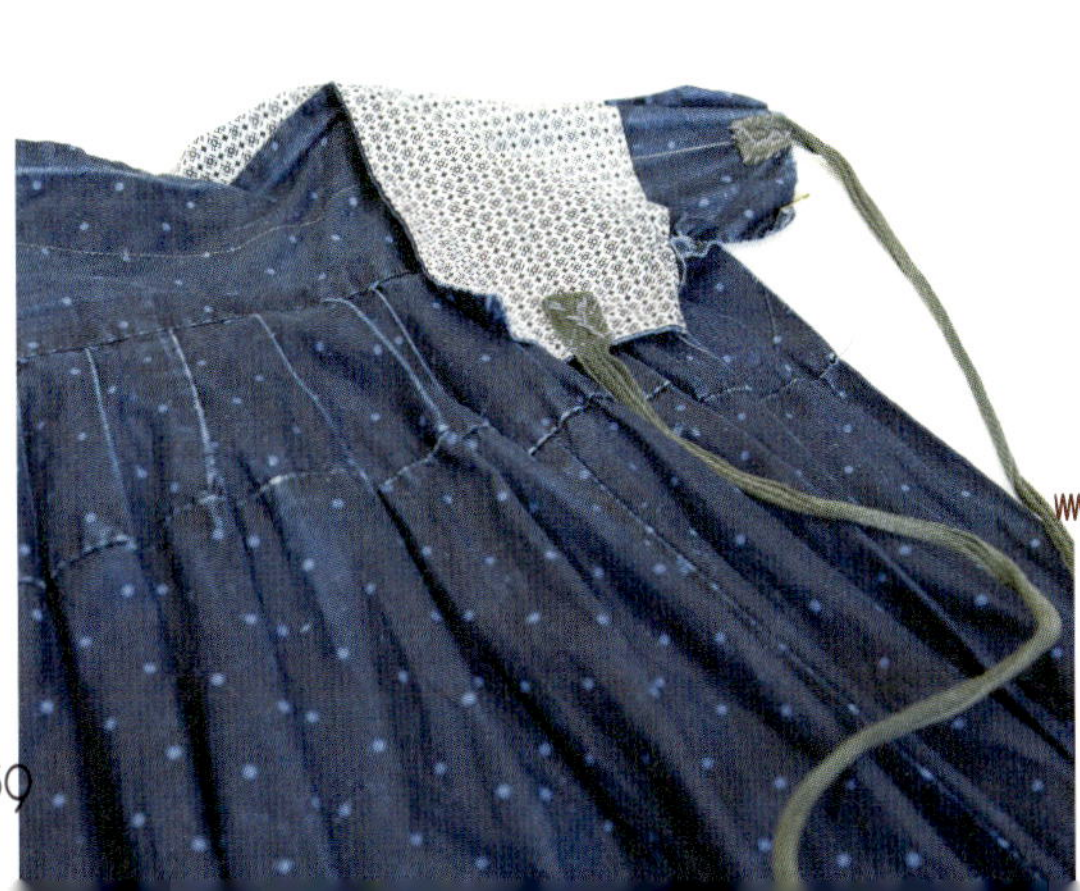

古い染めやプリントの布地は、ひどく色落ちする場合があるので、様子を見ながら手早く手洗いをする。

point for care

洋服ブラシを使いこなす

衣類にブラシをかけると、ほこりがとれるだけでなく、繊維を整えて生地をなめらかにしたり、毛玉を防いだりする効果も。一般的なウールのコートにはやや固めの毛で大ぶりなもの、カシミヤなどのデリケート素材にはやわらかな毛のものなど、それぞれに向き不向きがあります。いろいろな種類があるので、用途にあわせて選びましょう。

①やや固めの豚毛を使った洋服ブラシ。大ぶりでコートなどに向いている。豚毛のものは手頃な値段で買える／私物
②ニット用ブラシ。中の極細ブロンズワイヤーが毛玉や毛羽立ちをからめとり、外側の豚毛が生地を整える／REDECKER ニット用洋服ブラシ S サイズ 3300 円
③ジャケットなどのベルクロ（マジックテープ）についたやっかいな毛玉を取るための専用ブラシ／REDECKER ベルクロ用毛玉取りブラシ 2000 円
④山羊毛を使ったやわらかなブラシで、カシミヤや絹などのデリケートな素材のみに使える／REDECKER デリケートな素材専用 和服・洋服ブラシ 3000 円
⑤外は豚毛、中はやわらかな馬毛を使った 2 段植毛タイプ。職人による手作業で作られている／REDECKER 高級洋服ブラシ 3800 円
⑥天然ゴム製で、糸くずや毛羽立ちをとるためのもの。ペットの毛にも最適／REDECKER Lint ブラシ スモールタイプ 3800 円
⑦ウール、コットン、スエード、フリースに使える毛玉とり。珪藻土製の軽石。衣類にかけるとき、生地を傷めないように小さなセルが徐々に崩れるので、新聞紙の上などで行うとよい／セーターストーン 1250 円

*②〜⑦は「葉山セレクト -Innocence」で取り扱いがある。ショップ情報は 140 ページ参照。

Part 2

衣類の基礎知識

取り扱い絵表示から知る衣類のケア

衣類にはそれぞれ適切な取り扱い方法があります。日々のケアを実践する前に、衣類に使われている繊維の性質や、目的にあった洗剤の選びかたを知っておきましょう。

Part 2

取り扱い絵表示の見方

一般に流通している衣料品の内側には、「取り扱い絵表示」を書いたラベルがついています。これは、洗いかたや干しかたなど、メーカーが推奨するお手入れ方法を表すもの。意味を理解して、なるべくなら衣料品を購入するときに確認しておきましょう。日本ではJIS（日本工業規格）にそって、海外では世界共通規格のISO（国際標準化機構）にそって記載しています。

家庭用品品質表示法で義務

「取り扱い絵表示」を記載することは家庭用品品質表示法で義務づけられていますが、「しぼりかた」と「アイロンのかけかた」についてはメーカーの任意なので、記載してない場合もあります。書いてないからといって一概に注意が不要なわけではありません。

また、衣料品のラベルには取り扱い絵表示の他にも、繊維の「組成表示」や「付記用語」など、お手入れを判断するために欠かせない情報を記載しています。組成表示とは「綿80％ 麻20％」のように繊維の割合などを表したもの、付記用語は「タンブラー乾燥禁止」や「他のものと一緒に洗わないでください」などの注意事項を表したものです。あわせて確認しましょう。

おもな取り扱い絵表示

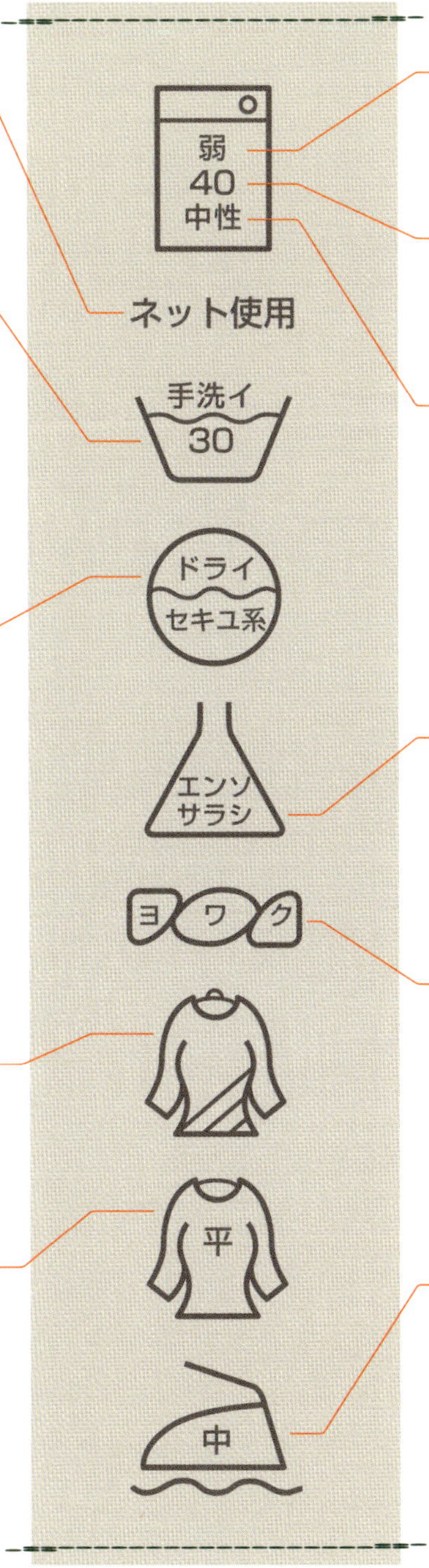

ネット

洗濯ネットを使用することを表します。

手洗い

洗濯機は使用できず、弱い手洗いに限ることを表します。数字は液温の限度を表します。

ドライクリーニング

ドライクリーニングができるかどうかを表します。「セキユ系」とある場合は、使える溶剤は石油系に限られます。

干しかた

つり干しを表します。斜線がある場合は、日陰で干すことを表します。

つるさず、平らに置いて干すことを表します。

水流

洗濯するときの水流の加減を表します。

液温

洗濯するときの液温の限度を表します。

洗剤

使える洗剤が中性限定であることを表します。

塩素漂白剤

塩素系漂白剤が使えるかどうかを表します。

しぼりかた

脱水時の加減を表します。

アイロン

アイロンができるかどうか、またその限界温度、あて布の有無を表します。

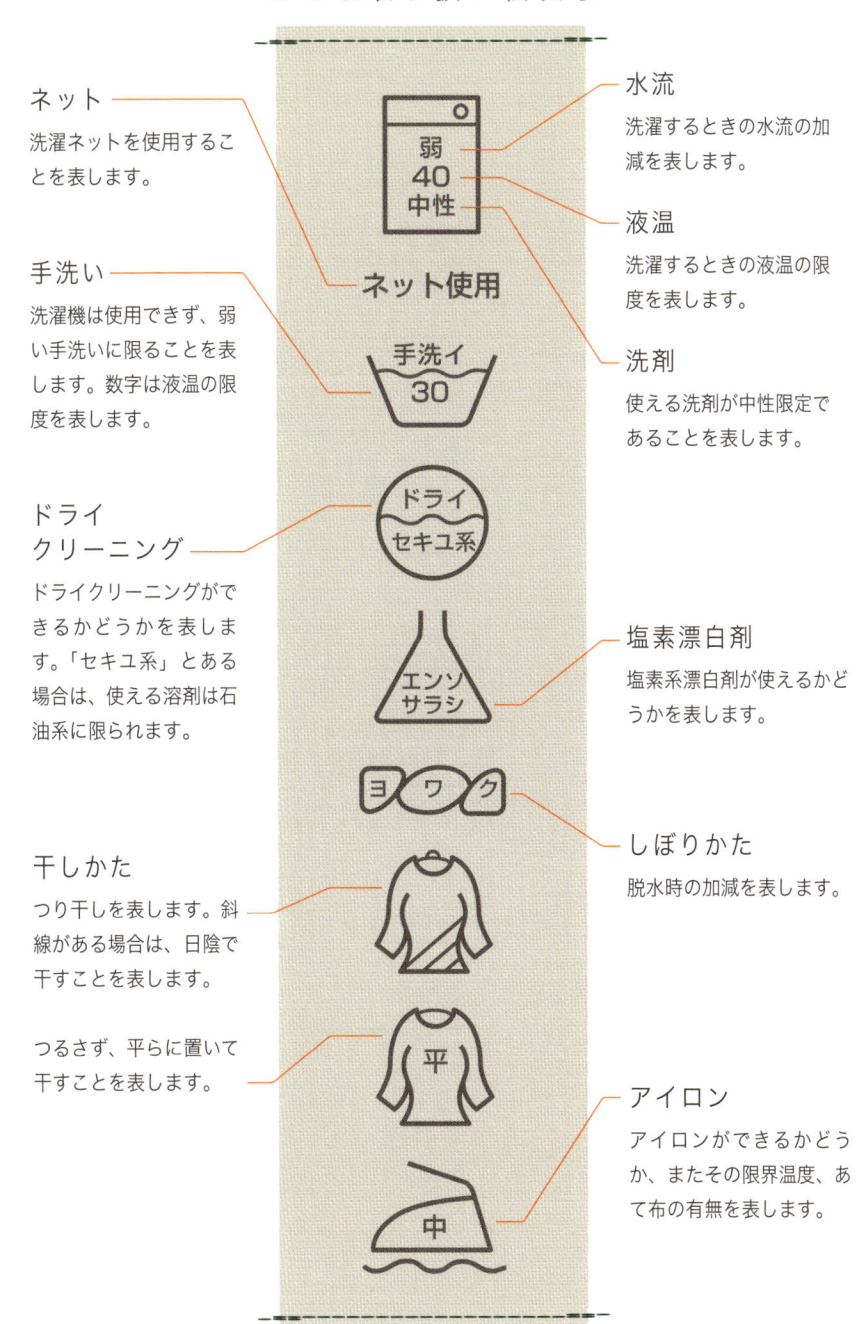

日本のおもな絵表示一覧（JIS）

ドライクリーニング

ドライクリーニングができる。溶剤は、パークロロエチレンまたは石油系のものを使用する。

ドライクリーニングができる。溶剤は、石油系のものを使用する。

ドライクリーニングはできない。

アイロン

アイロンは210℃を限度とし、高い温度（180～210℃まで）でかけるのがよい。

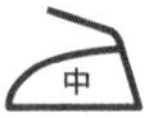

アイロンは160℃を限度とし、中程度の温度（140～160℃まで）でかけるのがよい。

アイロンは120℃を限度とし、低い温度（80～120℃まで）でかけるのがよい。

アイロンがけはできない。

アイロンは210℃を限度とし、高い温度（180～210℃まで）であて布をしてかけるのがよい。

塩素系漂白剤

塩素系漂白剤による漂白ができる。

塩素系漂白剤による漂白はできない。

しぼりかた

手しぼりの場合は弱く、遠心脱水の場合は、短時間でしぼるのがよい。

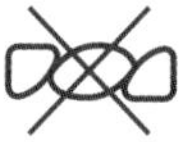

しぼってはいけない。

干しかた

つり干しがよい。

日陰のつり干しがよい。

平干しがよい。

日陰の平干しがよい。

洗いかた

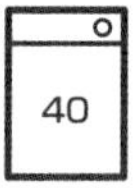

液温は40℃を限度とし、洗濯機による洗濯ができる。

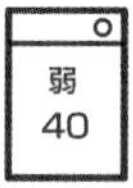

液温は40℃を限度とし、洗濯機の弱水流または弱い手洗いがよい。

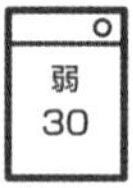

液温は30℃を限度とし、洗濯機の弱水流または弱い手洗いがよい。

液温は30℃を限度とし、弱い手洗いがよい（洗濯機は使用できない）。

水洗いはできない。

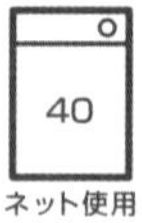

液温は40℃を限度とし、ネットを使用して、洗濯機による洗濯ができる。

液温は30℃を限度とし、中性洗剤を使用して、洗濯機の弱水流または弱い手洗いがよい。

＊取り扱い絵表示は JIS L0217 より引用

海外のおもな絵表示一覧（ISO）

クリーニング

ふつうの操作により、業者によるドライクリーニングができる。溶剤は、テトラクロロエチレンまたは石油系溶剤を使用する。

弱い操作により、業者によるドライクリーニングができる。溶剤は、テトラクロロエチレンまたは石油系溶剤を使用する。

ふつうの操作により、業者によるドライクリーニングができる。溶剤は、石油系溶剤を使用する。

弱い操作により、業者によるドライクリーニングができる。溶剤は、石油系溶剤を使用する。

ふつうの操作により、業者によるウェットクリーニングができる。

弱い操作により、業者によるウェットクリーニングができる。

非常に弱い操作により、業者によるウェットクリーニングができる。

業者によるドライクリーニングはできない。

アイロン

アイロン底面の温度200℃を限度としてかけることができる。

アイロン底面の温度150℃を限度としてかけることができる。

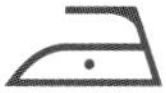

アイロン底面の温度110℃を限度としてかけることができる。スチームアイロンは危険である。

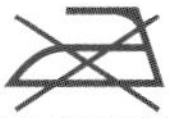

アイロンがけはできない。スチームがけおよびスチーム処理もできない。

乾燥機

ふつうの温度設定でタンブル乾燥ができる。

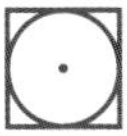

低い温度設定であればタンブル乾燥ができる。

タンブル乾燥はできない。

自然乾燥

脱水後につり干しがよい。

脱水せずにつり干しがよい。

平干しがよい。

日陰干しがよい。

＊この表示は、他の３つの図柄に重複して使用する。

洗いかた

液温は95℃を限度とし、ふつうの操作で洗濯機による洗濯ができる。

液温は95℃を限度とし、弱い操作で洗濯機による洗濯ができる。

液温は60℃を限度とし、ふつうの操作で洗濯機による洗濯ができる。

液温は60℃を限度とし、弱い操作で洗濯機による洗濯ができる。

液温は50℃を限度とし、ふつうの操作で洗濯機による洗濯ができる。

液温は50℃を限度とし、弱い操作で洗濯機による洗濯ができる。

液温は40℃を限度とし、ふつうの操作で洗濯機による洗濯ができる。

液温は40℃を限度とし、弱い操作で洗濯機による洗濯ができる。

液温は40℃を限度とし、非常に弱い操作で洗濯機による洗濯ができる。

液温は30℃を限度とし、ふつうの操作で洗濯機による洗濯ができる。

液温は30℃を限度とし、弱い操作で洗濯機による洗濯ができる。

液温は30℃を限度とし、非常に弱い操作で洗濯機による洗濯ができる。

洗濯できない。

液温は40℃を限度とし、手洗いだけできる。

漂白

すべての漂白剤による漂白ができる。

酸素系または非塩素系漂白剤による漂白ができる。塩素系漂白剤は使用できない。

漂白剤による漂白はできない。

＊取り扱い絵表示はISO3758、ISO6330より引用

おもな繊維の特徴と扱いかた

衣料品に使われている繊維には、シワになりやすい、摩擦に弱いなど、それぞれに性質があります。特徴を知って、どんなふうに扱えばいいのか、感覚をつかみましょう。
また、手持ちの服の素材をあらためてチェックし、自分にとって手入れがしやすい素材や、好みの素材が何かを把握しておくと、新しい服を購入するときの目安にもなります。

マークの見方

つぎのページからの繊維紹介では、使用できる洗剤、洗いやすさ、アイロン温度を、マーク表示で解説しています。

洗剤・中性　洗剤・弱アルカリ性　洗剤・石鹸

一般的に使える洗剤の種類を表します。
（洗剤の詳細については72ページを参照）

洗いやすい　注意しながら　難しい

家庭での洗いやすさを表します。

アイロン・低（80～120℃）　アイロン・中（140～160℃）　アイロン・高（180～210℃）

アイロン温度を表します。

文中の ○ は扱いやすい特徴を、✕ は扱いにくい特徴を表します。

＊これらは繊維だけで見た場合の目安です。実際には縫製や染色や加工により変わってくるので、品質表示を確認してください。

綿 cotton

原料　綿花（植物繊維）

おもな用途　シャツ・パンツなどの衣類全般、下着、靴下、浴衣、タオル、ハンカチなど。

○　肌ざわりがよく、通気性、吸湿性が高い。
洗濯や熱に強くて丈夫。

×　シワになりやすく、縮みやすい。
酸に弱く、黄ばみやすい。

＊オーガニック・コットンについて……「オーガニック・コットン」は、農薬や化学肥料などを使わずに育てた綿花が原料です。環境への負荷を減らした製法を行っているため、使用できる漂白剤や加工にも基準を設けています。自然の風合いが楽しめる反面、色調などが一定でなかったり、縮みが出やすい場合もあります。

麻 linen

原料　麻類（植物繊維）

おもな用途　シャツ・パンツなどの衣類（夏物中心）、ハンカチなど。

○　涼感があり、通気性、吸湿性が高い。
洗濯や熱に強くて丈夫。
発散性があり、乾きやすい。

×　シワになりやすく、縮みやすい。
摩擦などで毛羽だつことがある。

＊麻の種類について……麻とよばれる繊維は世界中に数十種類ありますが、家庭用品品質表示法により、衣料品で麻と表記できるのは「リネン（亜麻／あま）」と「ラミー（苧麻／ちょま）」だけです。シャツやバッグなどに使われることのある「ヘンプ（大麻／たいま）」や「ジュート（黄麻／こうま）」は、麻ではなく指定外繊維と表記します。

毛 wool

原料　羊毛など（動物繊維）

おもな用途　ニット・スーツ・コートなどの衣類（冬物中心）、ストールなど。

○　吸湿性、保温性が高い。シワになりにくく、伸縮性、弾力性がある。

×　摩擦に弱く、毛玉ができる。虫がつきやすい。ぬれた状態でもむと縮んだり固くなる。アルカリに弱い。

＊カシミヤについて……一般的にウールといえば羊毛をさすことがほとんどです。その他の獣毛には、カシミヤ（カシミヤ山羊の毛）、アンゴラ（アンゴラうさぎの毛）、モヘヤ（アンゴラ山羊の毛）、アルパカ（アルパカの毛）、キャメル（らくだの毛）などがあり、それぞれに特徴を持っています。カシミヤは高級な素材で、手ざわりのよさから人気がありますが、毛が細いためにデリケート。コシがなく、毛玉もできやすいので、よりていねいに扱いましょう。

アセテート トリアセテート acetate

原料　木材パルプ（半合成繊維）

おもな用途　ブラウスなどの衣類、裏地、スカーフなど。

○　軽くて、肌ざわりがよく、光沢がある。吸湿性、保温性、弾力性がある。

×　摩擦、熱に弱い。シンナーや除光液などの溶剤に弱い。シワがつくととれにくい。

絹 silk

原料　蚕の繭（動物繊維）

おもな用途　ブラウスなどの衣類、和服、下着、スカーフなど。

○　しなやかで肌ざわりがよく、光沢がある。吸湿性、通気性、保温性、保湿性が高い。

×　水に弱く、縮みやすく、シミになりやすい。摩擦に弱く、酸とアルカリに弱い。虫がつきやすい。

キュプラ cupro

原料　コットンリンターなど（再生繊維）

おもな用途　ブラウスなどの衣類、裏地、下着、スカーフなど。

○　肌ざわりがよく、光沢がある。吸湿性がある。静電気の発生が少ない。

×　摩擦に弱い。水に弱く、やや縮みやすい。シワになりやすい。

レーヨン rayon

原料　木材パルプ（再生繊維）

おもな用途　ブラウスなどの衣類、裏地、下着など。

○　肌ざわりがよく、光沢がある。吸湿性がある。

×　水に弱く、濡れるとシミになりやすい。摩擦に弱く、縮みやすくて、シワになりやすい。

ポリエステル polyester

原料　石油（合成繊維）

おもな用途　ワンピース・パンツ・ニットなどの衣類、レインコートなど。

○　軽くて、丈夫。シワになりにくい。縮みにくく、摩擦に強い。乾きやすい。

×　吸湿性が低い。静電気が起きやすい。汚れを吸収しやすい。

テンセル lyocell

原料　木材パルプ（指定外繊維）

おもな用途　ブラウスなどの衣類、裏地、下着など。

○　肌ざわりがよい。吸湿性、速乾性が高い。やや縮みにくい。

×　摩擦に弱い。シワになりやすい。

アクリル acrylic

原料　石油（合成繊維）

おもな用途　ニットなどの衣類、肌着、靴下など。

○　軽くて、弾力がある。シワになりにくい。縮みにくい。

×　熱に弱い。静電気が起きやすい。汚れやすい。

ナイロン nylon

原料　石油（合成繊維）

おもな用途　スポーツウエア、タイツなど。

○　軽くて、弾力性がある。丈夫で、摩擦に強く、シワになりにくい。

×　吸湿性が低い。静電気が起きやすい。熱に弱い。

ポリウレタン（スパンデックス） polyurethane

原料　石油（合成繊維）

おもな用途　水着、下着、スポーツウエア、合成皮革など。

○　軽くて、伸縮性がある。

×　紫外線に弱い。3年ほどで風合いが変わりやすい。

＊服の生地は「ヘリンボーン」、「コーデュロイ」、「ベルベット（ビロード）」、「ベッチン」などが使われていることがあるが、それらは繊維の名前ではなく、織物などの製法名を指す。
＊「フリース」も繊維名ではなく、羊毛のように起毛させた素材のことを表している。フリースには本来ウールが使われていたが、最近ではほとんどがポリエステルになり、ペットボトルの再生素材も原料となっている。

世界各国の繊維名一覧

海外旅行で購入した衣類や、古着店で見つけたインポートものなどには、海外の品質表示しかついていないことも。どんな素材で作られているのかがわかるように、各国の繊維名を紹介します。

日本	英国	イタリア	フランス	ドイツ	デンマーク
綿	cotton	cotone	coton	baumwolle	bomuld
麻（亜麻）	flax	lino	lin	flachs	hoer
麻（苧麻）	ramie	ramie	ramie	ramie	ramie
毛	wool	lana	laine	wolle	uld
絹	silk	seta	soie	seide	silke
アセテート	acetate	acetate	acetate	acetat	acetat
レーヨン	rayon	raion	layonne	kunsteide rayon	rayon
キュプラ	cupro	cupro	cupro	kupferseide	kobberrayon
テンセル	lyocell	lyocell	lyocell	lyocell	lyocell
ポリエステル	polyester	poliestere	polyester	polyester	polyester
ナイロン	nylon	nailon	nylon	nylon	polyamid
アクリル	acrylic	fibra acrilica	acrylique	acryl	acryl
ポリウレタン	polyurethane	poliuretano	polyurethanne	polyurethan	polyurethan

Part 2

洗剤について

衣類を長持ちさせるためには、汚れを残さず、生地を傷めないように洗濯するのが理想です。でも、しっかり汚れを落とそうと洗浄力が高い洗剤を使えば、生地にもその分負担をかけるし、肌や環境への影響も心配。だからといって負担の低い洗剤を使うと、シミや汚れが残ってその衣類が着られなくなることも。

どの洗剤にもメリットとデメリットがあるので、汚しかたのパターンや、自分がよく着ている素材を把握して、ライフスタイルにあった洗剤を使い分けましょう。

洗剤

家庭での洗いやすさを考えて作られた合成洗剤です。

粉末

液体

普段着用（弱アルカリ性）

一般的によく使われている洗濯用洗剤。洗浄力が高く、綿や麻などの素材むき。アルカリに弱いウールやシルクなどの素材を痛めやすく、色柄ものは色落ちすることも。粉末と液体の2タイプがあり、粉末はより洗浄力が高く、液体は水にとけやすいのが特徴。おもな洗浄成分は界面活性剤で、それを助けるために漂白剤、酵素、蛍光増白剤*などさまざまな成分が含まれている場合がある。

デリケート素材用（中性）

アルカリに弱いウールやシルク、合成繊維などを洗うのに適した洗剤。弱アルカリ性の洗剤よりも洗浄力は弱いものの、衣類を傷めにくく、色落ちもしにくい。おもな洗浄成分は界面活性剤。

＊ 蛍光増白剤（蛍光剤）／　蛍光能を持つ染料の一種。白地をより白く見せるために添加されるもので、漂白とは異なる。衣類によってはラベルに「蛍光増白剤は使わないでください」と書かれている場合がある。

漂白剤

ふつうの洗濯では落ちないがんこな汚れやシミ、黄ばみを分解します。

塩素系

繊維を白く漂白するために使うもの。次亜塩素酸ナトリウムがおもな成分。漂白力が強い分、繊維にも負担をかける。色柄もの、ウール、シルク、ナイロン、ポリウレタンのほか、ラベルに「エンソサラシ禁止（64ページ参照）」と書いてあるものには使えない。クエン酸など、酸性のものと混ざると塩素ガスが発生して危険。そのほかにも必ず換気をするなど、取り扱いには注意が必要。

酸素系

おだやかな漂白力で、色柄ものにも使える（色落ちテストをして大丈夫な場合のみ）。粉末と液体のタイプがあり、ともに成分に界面活性剤を含む。粉末タイプの漂白成分は過炭酸ナトリウムで、弱アルカリ性のため、ウールやシルクなどアルカリに弱い素材には使えない。液体タイプは過酸化水素を漂白成分とした弱酸性や酸性で、洗剤と一緒に使うほうが効果的。

仕上げ剤

衣類のリンスやコーティングに。すすぎのときに使います。

柔軟剤

おもな成分である界面活性剤が繊維の表面に膜を作ることで、衣類をふっくらやわらかく仕上げ、摩擦を軽減し、静電気をおさえる。毛玉、毛羽立ち、ホコリなどを防ぐ効果も期待できる。また、最近ではさまざまな香りの香料が使われている。

のり剤

繊維にハリを出してシワを減らしたり、毛羽立ちを防ぐ効果がある。柔軟剤と一緒に使うことも可能。おもな成分はポリ酢酸ビニルなどの合成樹脂。のり剤には写真の液体タイプのほか、アイロン前に使うスプレー式や、主成分がでんぷんのものもあり、それぞれ使いかたが異なる。

ナチュラルランドリー

合成洗剤を使わずに
洗いたい人に。

石けん　おもな成分は脂肪酸ナトリウム（または脂肪酸カリウム）。弱アルカリ性で、洗浄力が高い。環境にやさしく、肌への負担も少ないのがメリット。ただし、すすぎが足りずに繊維に石けん成分が残ると酸化して黄ばんだり、洗濯機に石けんカスが残るとカビが発生しやすくなるデメリットも。特徴を理解した上で使いこなす必要がある。

粉末

泡立たせてから使うとよい。洗浄力は高いが、水にとけにくい。

液体

粉末に比べて洗浄力は低くなるものの、水にとけやすい。

固形

洗浄力が高く、繊維にからみやすいので落ちにくい汚れの部分洗いに向いている。

酸素系漂白剤

過炭酸ナトリウム100%の漂白剤で、弱アルカリ性。前ページの酸素系漂白剤は界面活性剤を含んでいるが、こちらは含まないので、環境への負担が少ない。単独でシミ抜きに使えるほか、石けんと一緒に使うと洗浄力を高めたり、衣類の黄ばみや洗濯機のカビを予防できる。

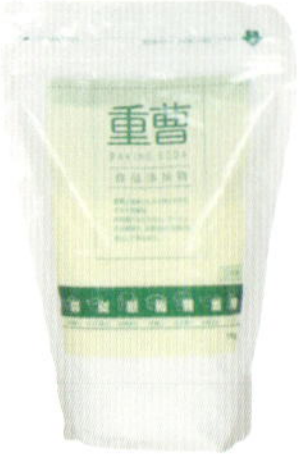

重曹

食品にも使われるほど安全性の高い物質で、ごく弱いアルカリ性。石けんと併用すると泡立ちを助ける（その場合、石けんより先に重曹を入れる）。薬局では「炭酸水素ナトリウム」「重炭酸ナトリウム」などの名前で並んでいる。

クエン酸

レモンや梅干しに含まれている成分。酸性で、水にとけやすい。石けんで洗濯した後、すすぎにクエン酸を使うと、石けんのアルカリ成分を中和して衣類がやわらかく仕上がる効果が。アンモニア臭も中和するので、おねしょシーツに使うとにおいがおさまる。

好評発売中！

『10年着るための衣類ケアブック
――おしゃれと手入れの楽しみかた』

石川理恵　取材・文／COMODO編集部・編
本体1480円＋税／144ページ／ISBN978-4-7741-5034-5

「せっかく買うなら10年着たい」「できるだけ自宅で手入れしたい」、そんなときのケアガイド

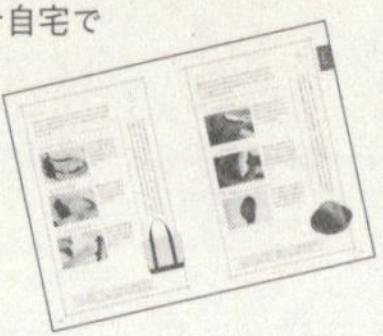

手入れの仕方をまちがって、洋服をダメにした経験のある人は多いはず……。本書ではさまざまな方への取材をもとに、服の手入れ、毎日の洗濯、保管やお直し、クリーニング選びなど<衣類ケアの基本>を紹介していきます。服にやさしいナチュラルクリーニングや繕いやリフォームなど、自分らしい洗濯やお直しの方法を見つけましょう。

COMODO CARE BOOK

『たのしい下着　――もっと自由に選ぶ下着のレッスン』

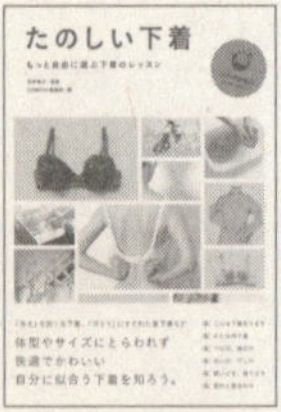

浅井明子・監修／COMODO編集部・編
本体1480円＋税／120ページ／ISBN978-4-7741-4899-1

サイズや体型にとらわれない。快適でかわいい、自分の身体に合った下着を知ろう。

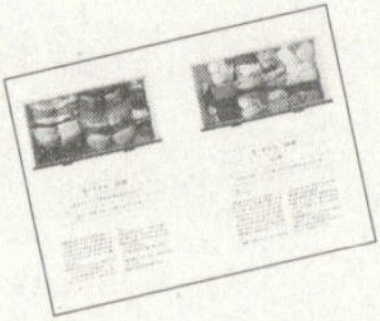

ブラジャー&ショーツ、キャミソールetc…、冷えや生理痛に負けないアイテムや洗い方、干し方、収納も網羅。大人の女性にこそ読んでほしい、あたらしい下着のたのしみをみつける本。

COMODO CARE BOOK

『足もとのおしゃれとケア　――靴えらび・足の悩み・手入れのいろは』

COMODO編集部・編
本体1580円＋税／160ページ／ISBN978-4-7741-4841-0

パンプス、ブーツ、スニーカーに登山靴……
おしゃれと健康は足もとからはじめよう。

コーディネイトや足の健康、靴と靴下えらび、長く履くための手入れまで、足にまつわる悩みやひと工夫を集めたケアブック。デザイナーから料理家まで、さまざまなこだわりの足もとも紹介しています。

COMODO CARE BOOK

安定した生活をつづけることが容易ではない昨今、
自身をみつめ、生きかた、働きかたなど
それぞれの足場をみなおすことが切実に求められています。

COMODO・コモドシリーズは、「衣・食・住」を軸として
日々の営みのなかで必要とされる手段や考えかたを
ときにはその道のプロのことばで
ときにはさまざまな人のスタイルで紹介します。

——これから大切なのは、自分にとって
必要なものと必要でないものを吟味しながら
創造的に生きること、
多少遠回りになったとしても立ち止まって考えること。

その手がかりとして、ふとしたときに参照できる
暮らしの工夫や知恵を届けていきたいと考えます。

COMODO編集部

COMODOシリーズは内容に応じてロゴが異なります。

[COMODO ライフブック]……日々の生きかた、考えかたのものさしになるような読み物・エッセイ。
[COMODO ケアブック]……流行にとらわれず、ていねいに探す、使う、手入れする方法いろいろ。

【仕様】A5判・並製／価格：1400〜1600円／ページ数：120〜160ページ／ロゴデザイン：葛西 恵

Part 3

洗濯の基本

自宅でできる普段の手入れ

いちばん大切なのは、いつもの洗濯です。衣類を傷めず、よりきれいに洗える方法を覚えていきましょう。頻繁には洗いにくいアイテムの部分的なお手入れについても紹介します。

みんなのパターン

毎日の洗濯 その1 私流の楽しみかた

諸橋昌子
スタイリスト

DATA

家　族：　2人（私、夫）
洗濯機：　全自動洗濯乾燥機（9kg）
洗剤類：　すすぎ1回タイプのジェル洗剤（夫の服）
アクロンやエマール（自分の服）
液体石けん（たまに使う）
過炭酸ナトリウム100%の酸素系漂白剤
でんぷん100%ののり剤

PATTERN

洗濯は夜、1日2回。夜のうちに室内干しして、翌朝外に出すことも。

・自分の服 → 手洗い
・夫の服 → 通常洗い
・タオル・シーツ → 通常洗い
・キッチンまわり → 通常洗い
・下着や部屋着や靴下など → 通常洗い

洗濯とアイロンがストレス解消

仕事から帰ってくると、真っ先にやりたくなるのが洗濯とアイロンがけです。水を出して洗っているとストレス解消になり、気持ちがすっきりしていきます。

アイロンがけも大好きで、とりこんだ洗濯物の山から、一枚、一枚、アイロンをかけていると、無心になれるような……。

私にとって、この時間がオンとオフの切り替えになっているのかもしれません。スタイリストの仕事中にもずっとアイロンをかけていますが、家に帰っても自分と夫のほとんどの衣類やキッチンのクロス類にアイロンをかけています。

アイロン台は低いタイプで、床に座ってかけるのが落ち着きます。アイロンはコードレスのタイプとティファールのもの、2台持っていますが、ティファールのほうが使いやすくて出番が多め。スチームはきらいなので使いません。

自分の服の洗濯は、基本、手洗いです。気に入った服ばかりをくり返し着たいタイプなので、枚数は多くないのですが、私があまりにも頻繁に手洗いするので、夏の水道料が倍になったことがありました。さすがにそれは……と最新の洗濯機に買い換えて、以前よりは手洗いの量を控えています。それでも、大切な服は傷まないように、清潔に気持ちよく仕上がるように、手をかけたくなります。

まず、白いワンピース、白いブラウスなどは、酸素系漂白剤につけて漂白してから、アクロンなどのおしゃれ着用洗剤で手洗いをします。仕上げにでんぷん100%ののり剤を使ったら、洗濯機の脱水にかけます。のりづけをすると、生地にハリが出て気持ちがいいんです。干すときは室内か、ベランダなら直射日光が当たらない場所に干して、7割ぐらい乾いたところで一度とりこみ、アイロンがけをします。再び干して、完全に乾いたら仕上げにまたアイロンをかけて終了です。

アイロン台は つねにスタンバイ

最低でも朝晩1回ずつは洗濯機をまわしています。晴れていたらベランダに干しますが、夜に洗濯した場合や天気の悪い日には室内干しにして、除湿乾燥機をかけています。

私がとくに好きなのがアイロンがけ。洗濯物がまだ湿っているうちにアイロンをかけるのが習慣です。その後はまた干して、もしも乾いてから細かなシワが気になる場合は、仕上げにもアイロンをかけるほどの徹底ぶり（笑）。曇り空で湿度が高い日は、普段はかけないような靴下や肌着にもアイロンをすると、乾くまでの時間が短縮できます。思い立ったらさっと使いたいので、アイロン台はスタンド式のものを家事部屋に出しっぱなしにしています。

横田彩子
主婦

DATA

家　族：　4人（私、夫、息子2人）
洗濯機：　全自動洗濯乾燥機（9kg）
洗剤類：　アタック neo（普段着）
　　　　　ザ・ランドレス（ウールなど）

PATTERN

洗濯は朝1～3回、夜1回

- 普段着の色柄もの → 毎晩1回
- 普段着の白いもの → 毎朝1回
- キッチンまわり → 1～2日に1回
- シーツ → 週2回ぐらい（家族分あるので）

疲れていても、 洗濯は欠かさない

洗濯をするのは昼前後から夕方にかけて。基本は室内干しで、乾きにくいときは浴室乾燥を使っていますが、梅雨時などでにおいが気になるときはさらに除湿器をまわします。

タオルやシーツなどのリネン類にはこだわりがあって、基本、色は白と決めています。猫のよだれなど、シミがついたら塩素系漂白剤で真っ白にしますが、やりすぎてときどき穴があくことも……。タオルはふっくらさせたいので乾燥機を使っています。シーツは4つにたたんだ状態で干し、何度か折り返しながら乾かすと、アイロンなしでもピシッとなります。また、シーツを干したりたたんだりするときは、肌にふれる部分が内側になるように気をつけています。

葛西恵
デザイナー

DATA

家　族：　2人＋1匹（私、夫、猫）
洗濯機：　ドラム式洗濯乾燥機（8kg）
洗剤類：　アタックバイオ EX（粉末タイプ・普段着）
　　　　　アクロン（ウールなど）
　　　　　レノア（柔軟剤）
　　　　　ワイドハイター EX（漂白剤）

PATTERN

洗濯は平日は2日に1度、まとめて3回まわす。週末は1日3～4回まわす。

- 普段着の色柄もの → 通常洗い
- 白いもの＋タオル → 通常洗い
- 下着・ウールなど → ドライコース
- リネン類 → 通常洗い・週末にまとめて洗う

Part 3

毎日の洗濯

今どきの洗濯機は高性能なので、普段着の洗濯は「すっかり洗濯機にお任せ」という人も多いのではないでしょうか。
でも、洗濯についておさらいしてみると、衣類や汚れに最適な洗いかたが見直せるかもしれません。
ここからは、毎日の洗濯についての基本事項を再確認していきましょう。

① 汚れをチェック

まず大切なのは、衣類についた汚れを見落とさないことです。洗濯機で落とせない汚れは、時間が経つほどに落ちにくくなります。服を脱いだときや洗濯機に入れる前に、衣類に汚れがついてないかどうか、確認する習慣をつけましょう。

≪ P.80

② 分ける

なんでも一緒に洗うのは、じつは効率のよいことではありません。汚れのひどいものは別洗いする、白い服だけでまとめて洗うなど、分類するのがおすすめ。それぞれの仕上がりがよくなるほか、汚れが少ないものの過剰洗いも防げます。

≪ P.82

③ 洗う

基本は洗濯機でＯＫ。でもそのときに、洗剤や洗濯物の量に気をつけるだけで、洗い上がりが変わります。汚れに応じて下洗いや、衣類によっては手洗いをとり入れるとさらに効果的。クリーニング店に出す量を減らすこともできます。

≪ P.84

④ 干す

形を整えてきれいに干しましょう。衣類がのびたり、シワになったりしないように、アイテムごとに干しかたを工夫。また、濡れている時間が長引くとにおいの原因になるので、風通しよく干すことを心がけます。

≪ P.90

毎日の洗濯

① 汚れをチェック

シミは時間が経つと落ちにくくなるので、衣類についた汚れは見逃さないように。汚れの種類を見極めて洗います。

衣類につくおもな汚れ

水溶性
（水にとける汚れ）
- 汗
- 尿

油溶性
（油にとける汚れ）
- 皮脂
- 排気ガス

不溶性（固形）
- ほこり
- 泥
- あか

- ほか複合的なもの
  食べこぼしなど

衣類につくおもな「汚れ」の種類は、水溶性、油溶性、不溶性に分かれます。水溶性の汚れは水でしか落ちないし、油溶性の汚れは油でしか落とせません。汚れの性質によって、落としかたが違うのです。

　とはいえ、衣類につく汚れはひとつではなく、複数がまざっていることがほとんど。一般的な洗濯用洗剤は、水溶性、油溶性、どちらの汚れも落とせるように作られていますが、汚れの度合いによっては、洗濯機をまわす前に汚れの性質にあわせて下洗いをしたり（85ページ参照）、シミ抜きをしたり（114ページ参照）する必要があります。

　汚れは時間が経つと落ちにくくなり、一度洗って乾燥させるとなお手強くなります。服を脱ぐときや洗濯の前に、汚れを確認する習慣をつけましょう。

point
for
care

洗濯の化学

衣類につく汚れの多くは弱酸性

↓

だから汚れは、アルカリ性の洗剤で落とす

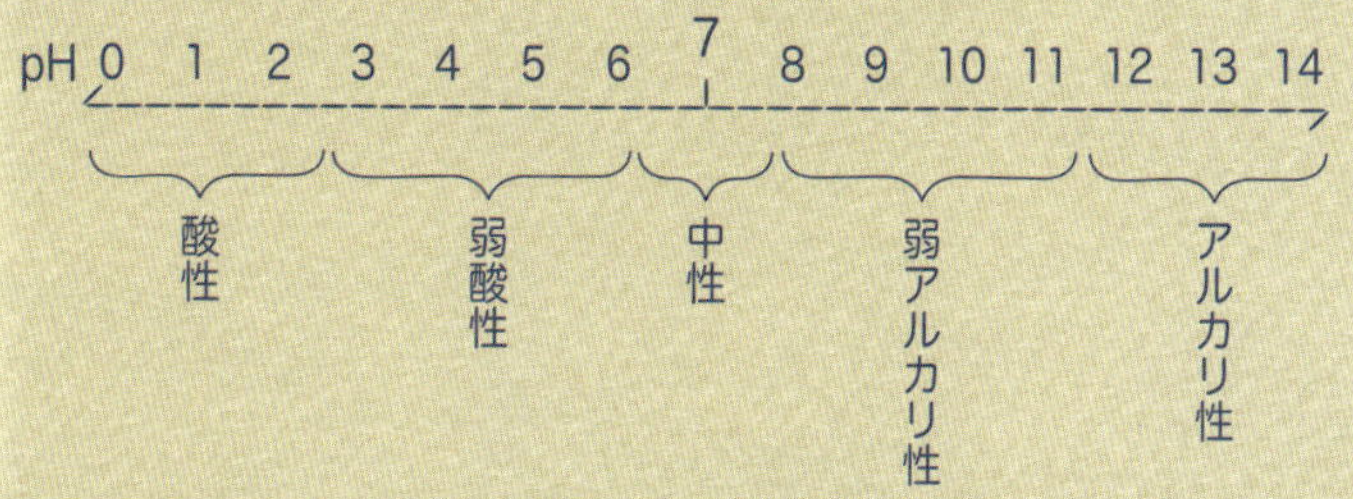

衣類につく汚れといえば、汗、皮脂、あか（角質）など、身体から出るものがありますが、それらはすべて弱酸性です。油汚れも空気にふれると酸性になりますから、衣類につく汚れの多くが酸性の性質を持っているといえます。

酸性の汚れは、反対の性質を持つアルカリ性によって中和（分解）され、落とせるようになります。アルカリ度が高いほど汚れは落ちやすくなりますが、弱酸性の肌に負担をかけたり、繊維を傷めたりすることも。だから洗濯用洗剤のほとんどは、弱アルカリ性になっています。

毎日の洗濯

② 分ける

洗濯は、衣類の素材の性質や、ついた汚れにあわせてするのが効率的。面倒でも分けて洗ったほうが、それぞれの衣類に負担をかけず、汚れ落ちもよくなります。とはいえ無理のないように、手持ちの服で多い素材や、大切な服を優先しながら、自分なりの洗濯パターンを考えましょう。

洗濯物を分類すると、まずは白いものと色柄ものに分かれます。色落ちする服が混ざっていると、脱水時などにほかの服に色が移る心配があります。

　はじめて洗濯するものは、色落ちするかどうかをあらかじめチェックして、色落ちする場合は必ず単独洗いを。とくにリネンやコットンを染めたもの、インポートものは注意が必要です。

　色柄ものでも色落ちがなければ、白いものと一緒に洗っても大丈夫ですが、とくに白いものの仕上がりを重視したい人は別洗いを。そのとき、お湯を使うと汚れがよく落ち、衣類の黄ばみを防げます。

　泥や皮脂などでとくに汚れているものは、ほかの洗濯物に汚れが移らないように単独洗いがおすすめ。ウールなどのニット類はネットに入れて洗濯機のドライコースや手洗いコースなどで洗うか、大切なものは手洗いを。デリケートな衣類はなるべく洗濯回数を減らすことも心がけましょう。

色落ちチェック

はじめて洗う服は、洗濯前に色落ちするかどうかをチェック。布やめん棒にうすめた洗剤をつけ、服の裏側など目立たない場所をこすります。布やめん棒に色が移るようなら単独洗いを。

色の濃いもの・色落ちするもの

色落ちが激しいものは単独洗いをする。色落ちがおさまっても、色の濃いもの同士はまとめて洗うとよい。白いものよりお湯の温度は低くする。

≪ P.88

白いもの・色落ちしないもの

綿、麻、ポリエステル素材などは、洗濯機でふつうに洗う。お湯を使ったほうが汚れが落ちやすく、黄ばみも防げる。

≪ P.85

すぐに洗わないもの

クリーニングに出すコートやジャケットをはじめ、ウールやシルクなどのデリケート素材の衣類は、なるべく洗濯回数をおさえて、日頃の部分ケアを。

≪ P.96

ニット類

取り扱い絵表示を確認し、ネットに入れて洗濯機で洗うか、手洗いを。カシミヤなど、大切なものは最初の２～３回、クリーニングに出すのがおすすめ。

≪ P.86

毎日の洗濯

③ 洗う

洗濯の基本をおさらいしましょう。洗濯物の容量と、洗剤の適量を守るだけでも、洗い上がりがよくなります。ニットや色落ちするものは手洗いを心がけて。

洗濯のポイント

基本は“こすらずに”洗う

ほとんどの繊維が摩擦に弱いため、こすると衣類を傷めてしまう。汚れはこすらずに、たたいて落とすのが基本。

洗濯物の容量を守る

洗濯機に入れる洗濯物は、容量の約６～７割ぐらいにするのがベスト。多すぎると水にひたらなかったり、しっかり撹拌できなかったりで汚れが落ちない。

洗剤は適量に

洗剤を入れすぎるとすすぎ残りが発生し、肌や衣類に負担をかける。少なすぎると一度落ちた汚れが再付着する原因になる。また、粉の洗剤を使う場合は、とけ残りがないように気をつけて。

脱水をしすぎない

脱水のかけすぎは衣類のシワをまねく。長くても３～５分程度で様子を見て、足りなければ追加するように。

お湯で洗えたらベスト

水よりお湯のほうが汚れが落ちる。体温よりも温度が高いお湯を使うのがベスト。

お風呂の残り湯はなるべく使わない

残り湯には皮脂汚れなどのたんぱく質が含まれているため、衣類を汚してしまう。それでも使いたい場合はせめて湯が熱いうちに。

洗濯物や洗剤は適量を心がけ、脱水をしすぎず、手洗いをするときはこすらずに洗う――。上手に洗濯するためのポイントは、覚えてしまえば簡単なことばかりです。あらためて、自宅の洗濯機の容量やコースなどを確認し、ちょうどよい水量や洗剤量、脱水時間など、わが家流の設定を見直しましょう。

　洗濯にお湯を使うのは、なかなか難しいかもしれません。しかし、たとえば食器洗いをするときでも水では落ちない油汚れが、お湯を使えばすっきり落とせます。ただ、お風呂の残り湯には汚れが含まれているので、逆効果。洗面台やお風呂場の給湯からホースがのばせるようにしたり、沸かしたお湯をつぎ足すなど工夫を。まずは白い服だけ、夏場だけなどできる範囲からはじめてみましょう。

白いもの／色落ちしないもの

弱アルカリ　洗濯機

基本の洗濯

洗濯は長すぎると衣類に負担をかけ、短くても汚れが落ちません。
全自動のコース任せにせず、このおすすめの洗いかたを目安に。

1 汚れがひどいものは下洗いをする

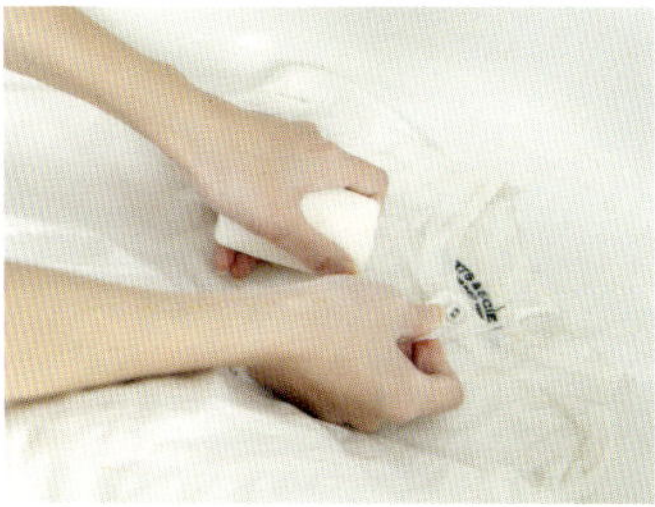

衣類でとくに汚れやすいのがえりと袖の部分。固形石けんを直接塗りつけて、ブラシなどでこするかもみ洗いをし、そのまま洗濯機にほうり込む。

2 洗剤で洗う（40～50℃で10分）

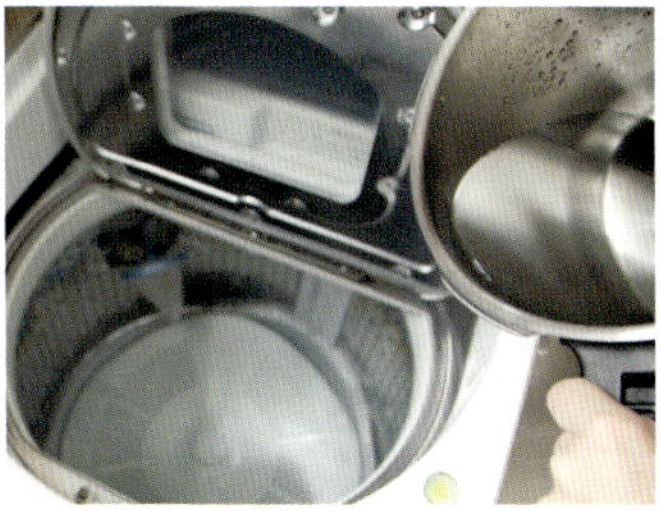

できればお湯で洗いたい。洗濯槽に水がたまりはじめたら、沸かしたお湯や給湯器のお湯を足すと温度が調整できる。毎回は無理でも、とくに夏場は2～3回に1度でもお湯を使うとすっきり洗える。

3 すすぐ（40～50℃で3分＋水で15分・または水で18分）

すすぎの最初にお湯を使うと、洗剤離れがよくなる。お湯のままだと繊維が膨張するので、途中で水に切り替える。お湯が難しい場合は水でもOK。

4 脱水（2～5分）

ポリエステルなら2分、綿や麻なら3～5分が目安。

仕上げ 中性 手洗い

ウールのニット

絶対もまずに押し洗い

ウールのニットが縮むのは、濡れた状態で繊維をもむのが原因。必ず押し洗いで、手早くすませるように。

1 縮むのが心配なら サイズを測っておく

もしも縮んでしまった場合に、干すときにもとのサイズにあわせたり、アイロンで調整ができるように、事前にサイズを測っておく。

2 30～40℃のぬるま湯に洗剤をとかす

ぬるま湯を使うと汚れがよく落ちる。あらかじめ洗剤をとかしておく。

3 軽く押し洗い

洗剤液にニットをひたし、数回、軽く押し洗いしながら全体に洗剤液をいきわたらせる。汚れに応じてそのまま5～10分、つけ置きする。

4 ぬるま湯をかえて再び軽く押す

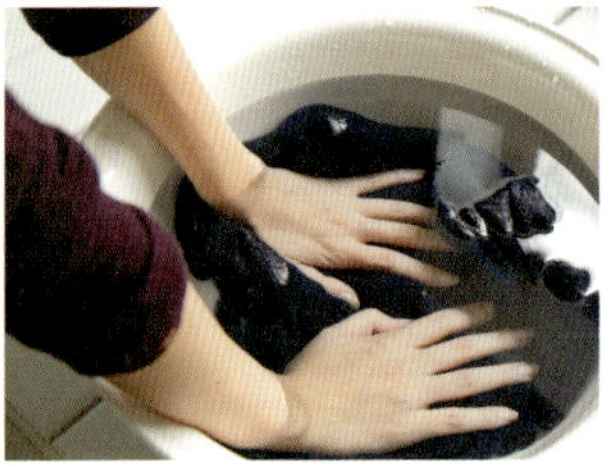

一度お湯を捨て、再度30～40℃のぬるま湯を入れて、軽く押し洗いする。同じ温度で行うと、繊維から洗剤が離れる。

5 流水ですすぐ

最後は流水で、軽く押しながら洗剤がなくなるまでしっかりすすぐ。

6 柔軟剤で仕上げる

ウールなどは人間の髪の毛と一緒と考えて。リンスのように柔軟剤を使うとしっとり仕上がる。

もしも縮んだら干しながら修正を

干すときに「縮んでしまった」と感じたら、応急処置。ただし、軽い縮みに限ります。

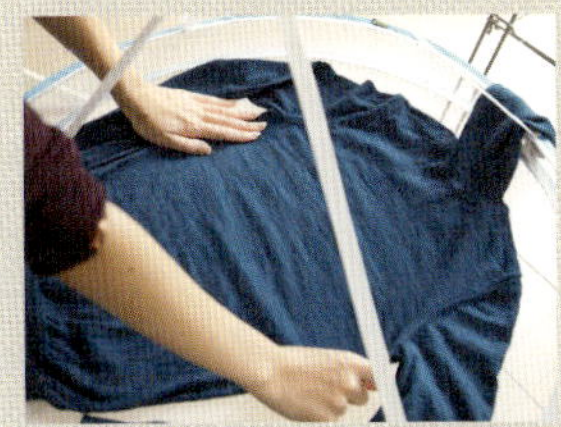

まだ濡れている状態でゆっくりと引っぱりながら、もとのサイズに近づける。

それでももどらないときは、アイロンを浮かせてスチームをかけ、その部分を引っぱりながらのばす。もどったら、平らに陰干しをする。

point

ウールのニットの洗濯は、最小限に

ウールは洗うとどうしても風合いを損ないます。10回着て1回洗う程度が目安。ブラシをかけたり、汗だけ落としたり、なるべく洗わないようにケアしましょう（96ページからの「すぐに洗わないもののケア」を参照）。

7 ネットに入れて脱水

軽く水けをきったら、小さめのネットに入れて洗濯機で脱水。30秒程度が目安。

8 平らに陰干しする

ハンガーに吊すとのびてしまうので、平らに干す。専用ネットを使うか、お風呂場のフタにタオルを敷いてのせても。

9 最後は乾燥機かドライヤーをかける

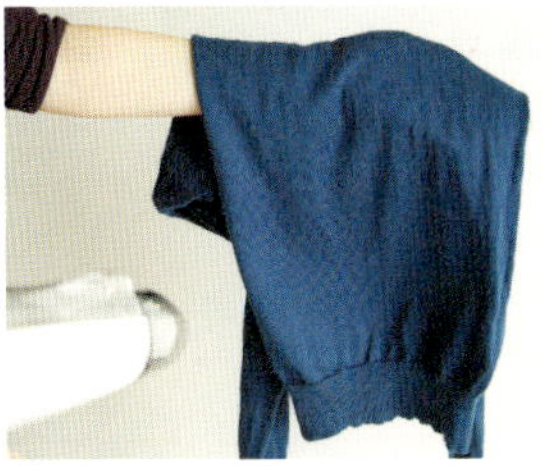

最後に乾燥機をかけると、毛がふっくら起きる。乾燥機がなければドライヤーをかけても。一か所に長くあてないように注意。

中性 手洗い

色落ちするもの

色落ちの激しいものは単品手洗いを

リネンやコットンを染めたものやインポートものは、激しく色落ちしがち。最初にお湯と洗剤で洗うことで、つぎからの色落ちを減らせます。

1 40～50℃のお湯に洗剤をとかし衣類をつける

洗剤をとかしたお湯に衣類をつけ、さっと洗う（お湯が熱い場合は素手ではなく、棒などでかき混ぜる）。

2 お湯を捨てる

すぐにお湯を捨てる。色が落ちすぎないように手早く行う。

3 水ですすぐ

色が出なくなるまで、水ですすぐ。次回の洗濯からは、色落ちが減る。

point

色落ちが減ったら洗濯機で洗う（水温30℃）

次回からは、色の濃いもの同士、洗濯機で洗いましょう。色が抜けないように、水温は熱くても30℃まで。ネットに入れるとなお安心です。

混紡素材はどうやって洗う？

point for care

「混紡」とは、２種以上の繊維を混ぜ合わせて加工すること。衣類の品質表示に「綿60%、麻40%」「毛80%、絹20%」などと２種類以上の繊維名が書かれていたら、それが混紡です。いくつかの繊維の長所を組み合わせて機能性を高めたり、コスト削減のために使われたりします。

混紡素材には複数の繊維の性質が反映されるため、お手入れは難しくなりがち。基本的には取り扱い絵表示に従うのがベターですが、ドライクリーニングと表示しているものを自宅で洗いたいときは、扱いにくいほうの繊維に合わせて判断を。自己責任で、目立たない場所で確かめながら進めるようにしましょう。

家庭で洗えるかどうかの目安

- シワになる　麻、絹、テンセル、レーヨン、キュプラなど、シワになりやすい繊維の混紡は、自宅でアイロンがけができるかどうかを判断。デザインが複雑だったり、アイロンに向かない素材だったりする場合は、クリーニング店を頼ろう。
- 型崩れする　ジャケットやコートなどの大物は、型崩れをすると復元が難しいので、ドライクリーニングへ。シワ加工やプリーツ加工があるものもプロに頼むのが基本。
- 縮む可能性がある　毛、絹、レーヨンなど、縮みやすい繊維の混紡は収縮率が異なるため、さらに縮みやすくなることが。ニットの目が粗いものほど縮みやすいので注意が必要。
- 色落ちする　水につけただけで色落ちするもの、単色でないものは、家庭で洗うと激しく色落ちしたり、色移りする心配が。インポートものは日本国内と染色基準が異なるため、色落ちが激しいこともあり、プロでも難しい。
- 水に弱い　レーヨン、絹、キュプラなど、もともと水に弱い繊維の場合、家庭で手洗いするのは難しい。

毎日の洗濯

④ 干す

最後は、衣類にあわせたきれいな干しかたで、気持ちよく仕上げたいもの。全般的な基本から、室内干しのポイントまで、コツを覚えましょう。

干しかたのポイント

日陰に干す

太陽の紫外線にあたると衣類が変色してしまうため、ほとんどの衣類が陰干しを推奨。やむをえず直射日光があたってしまう場合は、衣類を裏返して干すなど対策を。

シワをのばしてから

衣類が乾くと洗濯時や脱水時のシワが定着するので、濡れた状態のうちにシワをのばしてから干すように。上手に干せばアイロンの手間も少なくなる。

型崩れしないように

濡れた衣類は重みがあるので、気をつけて干さないと生地がのびたり、干し跡が残ることも。ハンガーに干すときはえりがのびないよう、肩のラインが崩れないように注意。ピンチで干すときは何か所かとめて衣類の重みを分散させて跡が残らないように工夫する。

風通しよく

濡れた衣類が重なっている状態だと、乾きが悪くなる。隣り合う衣類がぶつからないように、風通しよく干すことを心がけて。

洗濯物は、脱水を終えたらすぐに干すのが鉄則。時間をおくとシワがひどくなったり、雑菌が繁殖してにおいの原因になったり、洗濯機のカビも出やすくなるなどいいことがありません。

洗濯機から出した衣類は、一枚、一枚、振りさばいて、全体のシワをのばしましょう。その後、アイテムにあわせて生地をひっぱったり、たたいたりして、なるべくシワをのばしてから干します。シャツやカットソーなどのトップスは、ハンガーにかけたほうが型崩れの心配がありません。

洗濯物が乾きやすくなる条件は、湿度が低いことと風通しがいいこと。晴れた日におひさまの下で干すのは気持ちがよさそうなイメージですが、紫外線は衣類を傷めるので、直射日光をあてるのはNGです。

パーカー　フードを持ち上げる

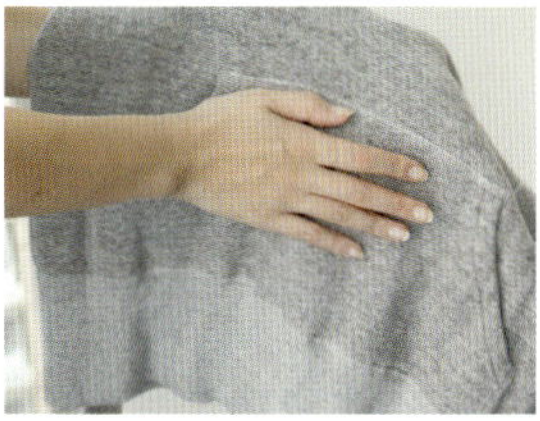

スウェット素材、Tシャツ素材などはひっぱらずに、たたいてシワをとる。

フードの部分をそのままにしておくと、生地が重なった部分が乾かなかったり、シワになったりするので、ハンガーを使って持ち上げて干すとよい。

パンツ　筒状に干す

パンツやスカートなどは筒状に干すと、筒の中に風が通り、乾きやすくなる。ポケットがあるものは裏返して干す。

靴下　ゴムを上にする

ゴムの部分を下に向けると、水分が下におりてきて、のびやすくなる。ゴムは上にして干す。

シャツ　ひっぱってシワをとる

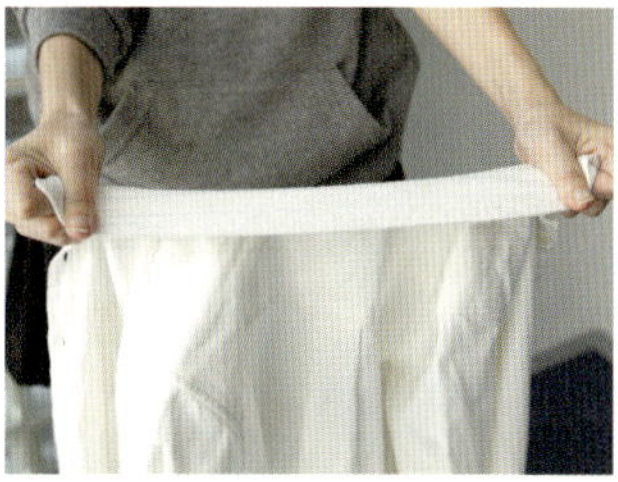

えりは両端を持って左右に何度か強くひっぱる。

ボタンまわりは上下に強くひっぱる。

袖、身ごろもシワをのばしたら、えりを立てて風通しよくハンガーに干す。ボタンは一番上と、真ん中あたりをとめておくと型崩れしにくい。

室内干しのポイント

間をあけて干す

室内は風が通りにくいので、洗濯物の間隔をあけて干すことを心がけて。ピンチを使う場合は、1～2個とばしで干すぐらいに。

風をあてる

洗濯物の風通しをよくするために、扇風機やサーキュレータを使って風をあてる。エアコンを使うより電気料がかからない。

酸素系漂白剤を使う

雑菌の繁殖を防ぐために、洗濯時に酸素系漂白剤（74ページ参照）を使って除菌する。洗剤と一緒に使えばＯＫ。

生活サイクルや住環境によって、室内干しをする家庭も増えています。室内干しの際に気をつけたいのは、風の通りをよくすること。室内では、意識して窓を開けたり、風をあてたりしないと空気が循環しないため、洗濯物の乾きが遅くなります。ぬれた状態が長引くと、雑菌が繁殖してにおいのもとに。とくに梅雨の季節など湿度が高いときは、いっそうの注意が必要。

湿度が高い時期は、一度にたくさん洗うことを避けて、ゆとりをもって干せる量におさえましょう。酸素系漂白剤を使うなど、除菌をするのも効果的です。干すときは、普段よりも間隔をあけるようにします。さらに、扇風機やサーキュレータをまわして、周囲の空気を循環させて。換気扇がある場合は併用するとなおいいでしょう。

point
for
care

洗濯機もお手入れを

全自動洗濯機の場合、洗濯槽と本体の間に黒カビが発生することがあります。洗濯後の衣類に、ワカメのような黒カビがついていたら、即、クリーニングが必要です。そこまでに至らなくても、洗濯機の中がむれているなと感じたら実践を。洗濯機メーカーでも、定期的なお手入れを推奨しています。とくに梅雨の前にやっておくと、洗濯物の洗い上がりもすっきり。普段から洗濯機内に湿気がこもらないよう、使わないときは空にしてふたをあけておきましょう。

カビがひどい場合には、一度のクリーニングで落ちないことも。くり返してもカビが出るようならば、プロのハウスクリーニングに頼る手段もあります。

カビを出さないために

・使わないとき、洗濯機のふたはあけておく
・洗濯前の衣類を、洗濯機の中に入れておかない
・洗い終わった洗濯物は、すぐに取り出す
・糸くずフィルターのごみはこまめに捨てる
・1～3か月に一度は、洗濯機をクリーニングする

クリーニングの方法

1 洗濯機の高水位まで、50℃のお湯をはる（必ず湯を使うのが、効果を出すポイント！）。

2 重曹半カップ、酸素系漂白剤（74ページ参照）1カップをとかし、5分ほど洗濯機をまわしてから1時間以上つける。

3 排水し、通常の洗濯コースで洗濯機をまわし、すすぎをする。

4 再度水をはり、クエン酸小さじ2をとかして、ふたたび洗濯コース1回。

＊最後の段階でまだカビが出てくる場合は、再度くり返す。

酸素系漂白剤が手に入らない場合は、市販の洗濯槽クリーナーを使っても。

みんなのパターン

毎日の洗濯　その2 ナチュラルランドリー

＜道具＞

洗濯機　残り湯くみ上げホース　シャワー（ホースを長くしたもの）*1

＜洗剤類＞

液体石けん	汚れを落とす。粉石けんに比べてとけやすいので、使い勝手がよい。
重曹	アルカリ度を保ち、石けんの働きを助ける。石けんカスが出にくくなるので、洗濯槽の汚れを防ぐ。*2
クエン酸	アルカリを中和し、石けんかすを落とす。
酸素系漂白剤（過炭酸ナトリウム）	活性酸素が汚れを分解する。残り湯を除菌し、洗濯槽の汚れを防ぐ。
固形石けん	汚れがひどいときの部分洗い用に使う。

本橋ひろえ

理系の大学卒業後、メーカーにて合成洗剤を作っていたことも。出産後は、自身と子どものアレルギーをきっかけに合成洗剤の使用を見直し、ナチュラルクリーニングを実践。現在は地域で「ナチュラルクリーニング講座」を開き、掃除、洗濯の原理を、わかりやすく化学的に解説している。

http://plaza.rakuten.co.jp/nonnontan/

DATA

家　族：　3人（私、夫、娘）

洗濯機：　全自動洗濯乾燥機

洗剤類：　左記参照

PATTERN

・普段着・タオル類 → 毎日
　夜、お風呂上がりにタイマーセットして、翌朝まわす。

・色の濃いもの・デニム → 週1回
　ある程度量がたまったら、まとめてまわす。

・シーツ → 週1回
　休みの日など、時間があるときに洗う。

お風呂上がりを有効に使う

10年ほど前から、合成洗剤を使うのをやめて、掃除も洗濯もナチュラルな方法を実践しています。毎日のことなのでなるべく簡単で、合理的に、効果的に――とあれこれ考えた結果、「夜準備して朝まわす」パターンに行き着きました。私は理系の大学を卒業後、合成洗剤を作る仕事をしていたこともあるので、汚れが落ちる仕組みを化学的にとらえています。

汚れを落とすためにいちばん効果的なのは、「とにかくお湯を使うこと」につきます。そこで、お風呂の残り湯を再利用したいのですが、残り湯には皮脂の汚れなどもとけこんでいるので、ヘタに使うとかえって洗濯物を汚しかねません。対策として、残り湯が冷めないうちにくみ上げ、酸素系漂白剤で除菌するようにしています。

また、石けんを使った洗濯をすると、衣類に石けんカスが残ったり、洗濯槽にカビが発生しやすいデメリットがあります。そのため、重曹、クエン酸、酸素系漂白剤を適切なタイミングで使って予防しています。

私は毎晩、家族でいちばん最後にお風呂に入るようにして、お風呂上がりにスキンケアをしながら、洗濯の準備をするのが習慣。残り湯のくみ上げから準備完了まで、慣れてしまえば5分です。

＊1　わが家では、洗濯にお湯を使うことが絶対なので、お風呂場のシャワーのホースが洗濯機に届くように、長くのばしている。ホームセンターなどで市販しているパーツを使い、自分で取り付けられる。お風呂場や洗面台の蛇口にふつうのホースが付けられる場合は、それを使っても。

＊2　成分にアルカリ剤（炭酸塩）が入っている液体石けんならば、重曹は入れなくても大丈夫。

★クエン酸、重曹、酸素系漂白剤などの
分量は、水量60リットルの場合。

＜やりかた＞

準備完了までは約５分でOK！

1 仕上げ剤にクエン酸セット

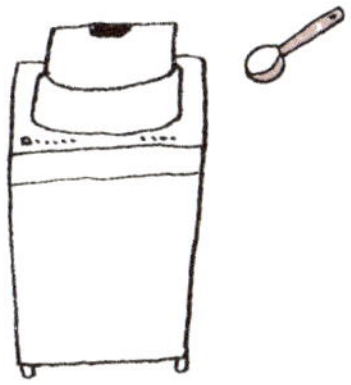

洗濯機の「柔軟剤用ポケット」に、
クエン酸大さじ１弱を
入れておく。

2 お風呂の残り湯をくみ上げる

お湯が温かいうちに行う（お湯の温度は、体温以上が目安）。

3 残り湯をためながら、重曹をとかす

石けんを入れる前に、
重曹約２分の１カップを
入れてとかす。

4 続いて液体石けんを入れる

重曹がとけたら､石けんを入れる。
分量は、パッケージの表示にある
推奨量の半分が目安。
軽くまわしてまぜる。

5 洗濯物を入れる

6 酸素系漂白剤を入れる

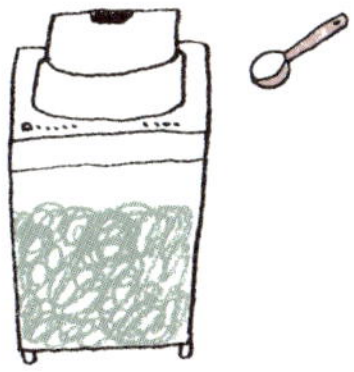

満水になったら、
酸素系漂白剤約大さじ３杯を
入れる。

7 少しまわしてストップ

そのまま少しまわして
全体がまざったら、電源を切る。
ここまでで準備完了。

8 ひと晩おく

朝までそのままつけておく（もし夜のうちにまわす場合は、洗濯終了後に放置せず、すぐに干すこと。放置をするとにおいや洗濯槽のカビの原因になる）。

9 朝、通常モードでまわして干す

スイッチを入れ、通常モードで
洗濯（すすぎはすべて水道から）。
終了後はすぐに干す。

＜MEMO＞

夏は―― 皮脂汚れが強くなるので、石けんと酸素系漂白剤を少し増やす。

残り湯を使わないときは―― シャワーなどを利用して、洗濯機にお湯をためる。その場合はきれいなお湯なので、酸素系漂白剤を「約大さじ２」に減らす。

定期的に―― このやりかたでも、ふつうよりマシになるとはいえ洗濯槽のカビは発生してしまうので、年に２～３回は洗濯槽のクリーニングをします（93ページ参照）。とくに梅雨入り前は必ず！

Part 3

すぐに洗わないもののケア

洗濯は汚れを落とす反面、衣類に負担をかけます。コートやジャケットなどのドライクリーニングに出す服はもちろんですが、セーターやカーディガン、ワンピース、スカートやパンツなども、汚すことがなければ着るたびに洗わなくても大丈夫。

とくにウールやシルクを使った衣類は、洗いすぎると風合いを損ね、生地を傷めてしまいますし、綿や麻でも色を染めたものは、洗うたびに少しずつ色落ちして色あせを早めることも。なるべく洗濯回数を減らせるように、部分的なケアを覚えましょう。

着るたびに

一度着た服にはほこりや花粉がかかり、外気や身体からの湿気を吸い込んでいます。すぐにクローゼットにしまうことは避け、ブラシをかけたり、湿気をとばしたり、ひと手間をかけましょう。

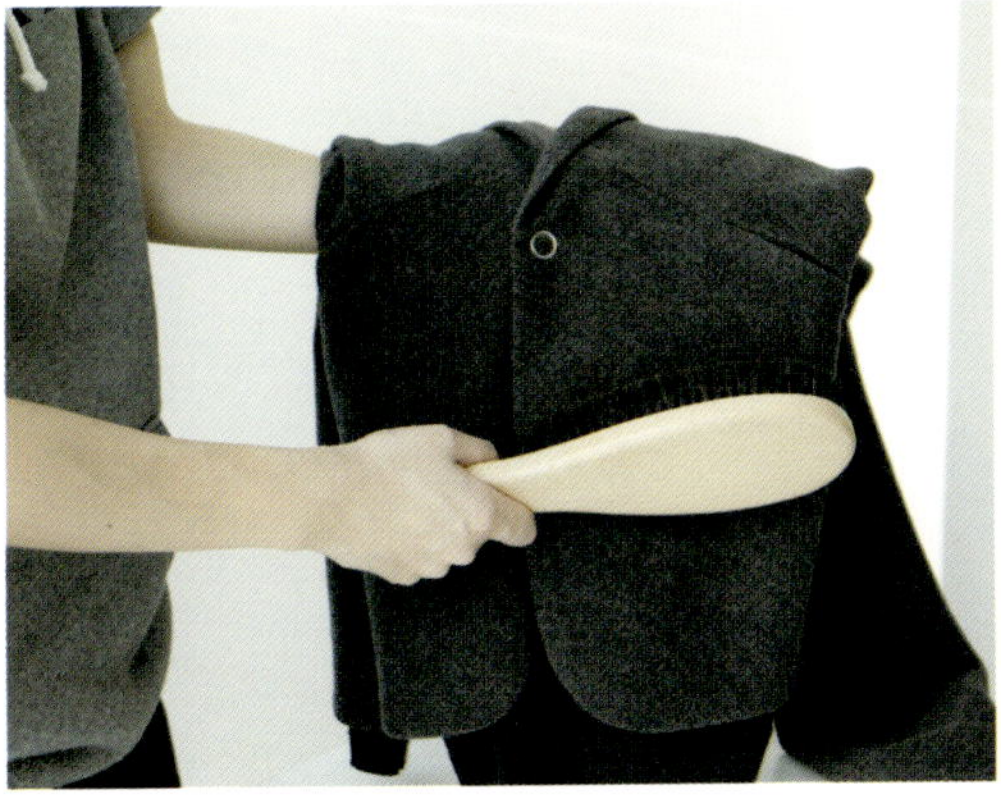

ブラシをかける

〈上着・ニット類・パンツ・スカート〉

まずは生地の目を逆なでるようにブラシをかけてほこりを落としてから、生地の目にそってブラシをかけて整える。

湿気をとばす

〈衣類全般〉

脱いだ服をすぐにクローゼットにしまうことは避け、湿気をとばす。一時置き場を決めておくと、部屋が散らからずに洗った服との区別もつきやすい。

こまめにケアをすれば、コートやジャケットなどはシーズンに１回のクリーニングでOK。ウールのセーター類は風合いを保つために、10回着て１回洗うペースが理想。

一週間をめやすに

服全体は汚れていなくても、えり、袖には身体から出る汗がついています。時間がたつと酸化して黄ばみになるので、部分ケアが必要。着るたびにできれば理想ですが、着用して一週間程度なら週末にまとめてケアしても。

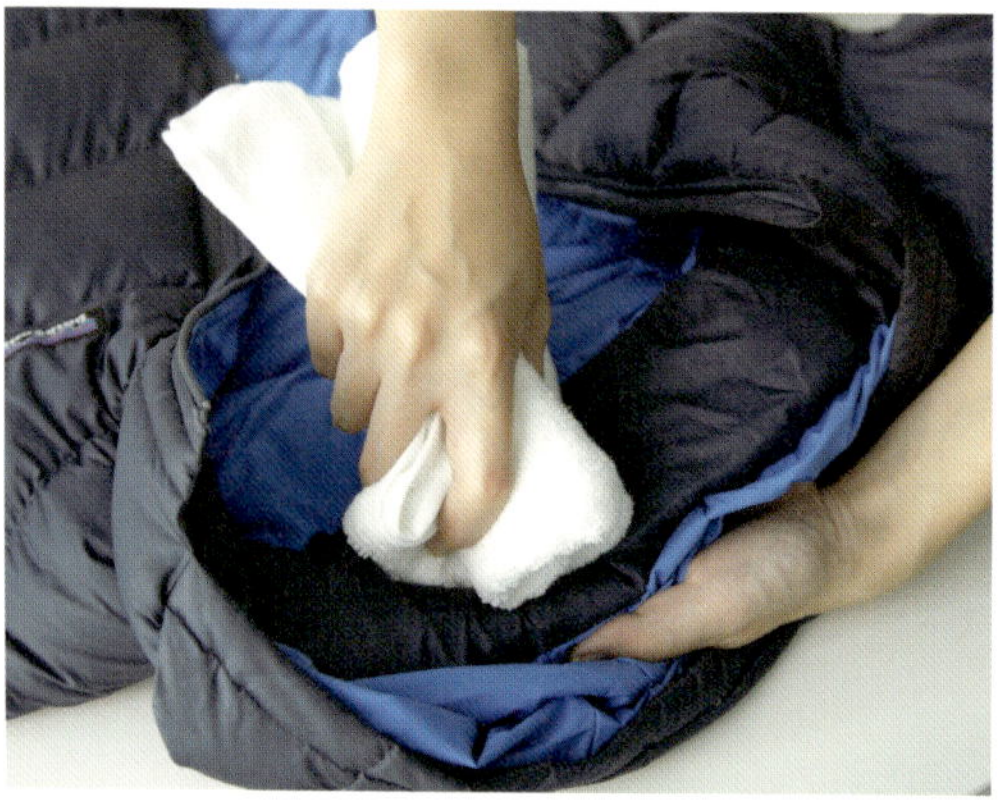

えりや袖をふく

〈トップス全般〉

固くしぼったぬれタオルで、えり、袖をふく。ポリエステル素材のダウンウエアはこすっても大丈夫。それ以外は、たたいて汗を吸いとるように。

汗をふきとる

〈夏物衣類全般〉

汗をかく季節になったら、脇の下も要注意。内側にトイレットペーパーなどをあて、外側からぬれタオルでたたいて、汗をふきとる。

汗は水溶性なので、ついてすぐなら水で落とせます。皮脂汚れは水だけでは落ちないので、洗濯するときに部分洗いをプラスしてしっかり落としましょう。

においがついたら

たばこの煙、食べもののにおいなど、衣類についたにおいは、軽いものなら湿気をあたえて干すことで解消できます。以下に紹介する方法のほか、霧吹きで水をかけてから風通しのいい場所に干す手段も。

お風呂場に干す

〈衣類全般〉

入浴後のお風呂場には湿気があり、石けんやシャンプーのいい香りがする場所なので、衣類のにおいをとるのに最適。ひと晩お風呂場で干したら、通気性のいい場所で湿気をとばすように。

スチームをかける

〈アイロンできる衣類全般〉

急いでいるときの奥の手。アイロンのスチームをあて、においをとばす。吊るした状態で行ってもOK。熱に弱い衣類には、この方法は避ける。

だいたいのにおいはこれで落ちますが、飲食店でついた強いにおいには、油分が含まれていることも。お湯で洗濯するかクリーニングに出してさっぱりさせましょう。

Part 3

アイテム別のケア

洗いにくいもの、丸洗いできないものは、こまめなケアをするのが長持ちの秘訣です。特徴あるアイテムの自宅でのケア方法を紹介します。

革製品

革製品に共通するのは、水に弱くカビやすいことと、汚れやシワがつくと落ちにくいこと。雨に塗れないように気をつけ、ついた汚れはこまめに落とし、風通しのいい場所に保管を。型崩れしないように心がけましょう。

表革

表面がツルツルの革。牛革が一般的で、牛の年齢などで種類が分かれる。生後6か月ぐらいの仔牛を使った「カーフスキン」が最上質で、きめが細かくデリケート。そのほかには丈夫な山羊革、やわらかな羊革などがある。

スウェード

革の裏面をサンドペーパーで起毛させたもの。牛、山羊、羊、豚などの革を使う。毛足が短くやわらかなものほど上質。豚を使ったものはやや硬くて粗く比較的丈夫。起毛革は汚れがつくと表革より落ちにくい。

ヌバック

革の銀面(表面)を目の細かいサンドペーパーなどで起毛させたもの。スウェードよりも毛足が短く、やわらかな肌触り。おもに牛革、羊革などを使い、鹿革を使ったものは「バックスキン」とよぶ。

ヌメ

染色や塗装をせずに、タンニン(植物から抽出したもの)でなめしただけの、表面加工をしてない革のこと。表面に傷はつくものの、使うほどに革らしい味わいが増して傷もなじんでいくことから、丈夫で長持ちする。

事前に

撥水スプレーを

革を保護して、ついた汚れも落ちやすくなる。購入後はすぐにかけ、その後も週に一回など使用頻度に応じてスプレーを。かけた後はしっかり自然乾燥させる。

汚れたら

汚れ落としも

バッグのハンドル、衣類のえり、袖など、革についた皮脂汚れは、撥水スプレーで落とせる。多めにスプレーし、タオルでこする。必ず換気のいい場所で行う。

普段のケア

布でふく

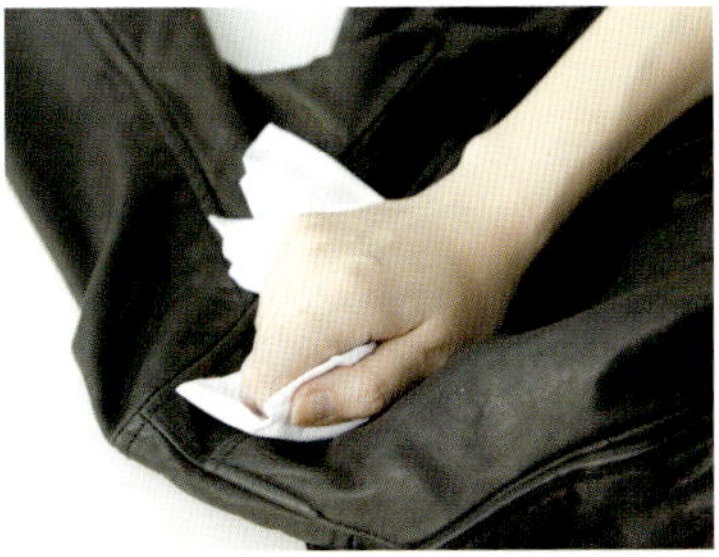

汚れる前にケアをするのが革製品を長持ちさせるコツ。表革は着るたびに乾いたやわらかい布でほこりをふく。乾燥が目立ちはじめたら、専用剤でお手入れを。

ブラッシングする

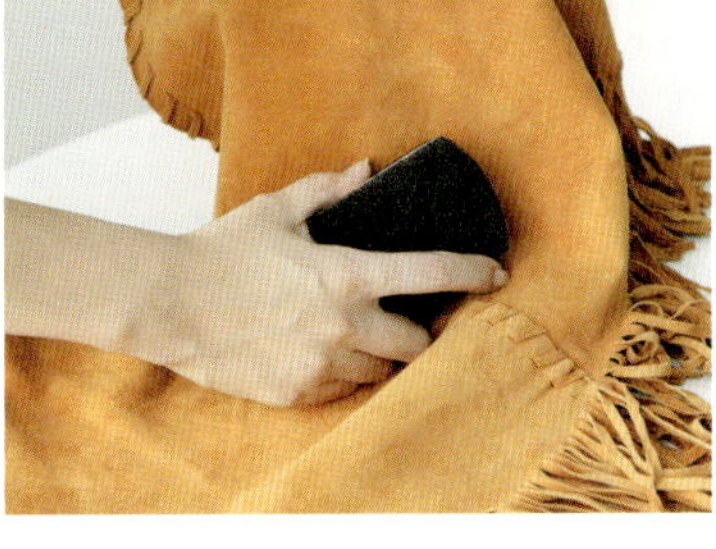

起毛革は着るたびにブラッシングを。食器洗い用のスポンジのやわらかい面を使い、毛を逆立ててほこりを落としてから、毛並みにそって表面を整える。

ダウンウエア

クリーニング料金が高いダウンウエアですが、ポリエステルやナイロン素材なら、家の浴室で洗うことができます。色落ちしたり、こすり洗いで縮んだりする心配もなく、意外と扱いやすい。汚れの度合いに応じて、2つの洗いかたを紹介します。

軽い汚れなら表面をざっと洗う

ダウンの洗濯で失敗しがちなのが、羽毛のかたより。羽毛がぬれると中でかたよって、そのまま固まってしまうのです。汚れがつきやすいのは表面だけなので、なるべく中の羽毛をぬらさずに洗って、失敗を防ぎましょう。

1 下洗い

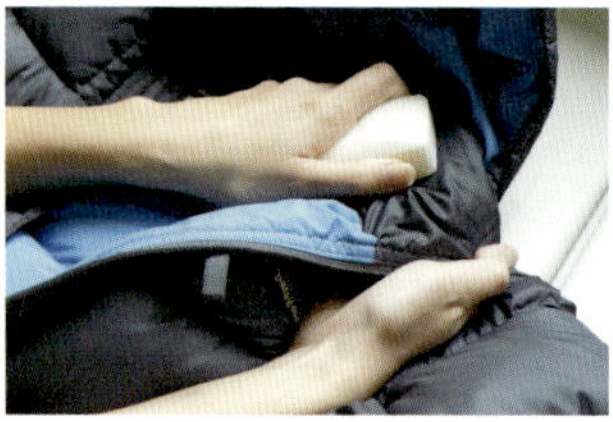

えり、袖など、とくに汚れている場所があれば下洗いする。石けんをつけてブラシでこするとよく落ちる。

2 表面を洗う

洗面器に水をはって中性洗剤をとかし、台所用のスポンジなどにつけて、表面をざっとこすり洗いする。

3 シャワーで流す

中の羽毛がなるべくぬれないように、シャワーで手早く流す。下洗いをした場合は、そこに石けんが残らないようにすすぐ。

point
中の羽毛をなるべくぬらさない

4 脱水する

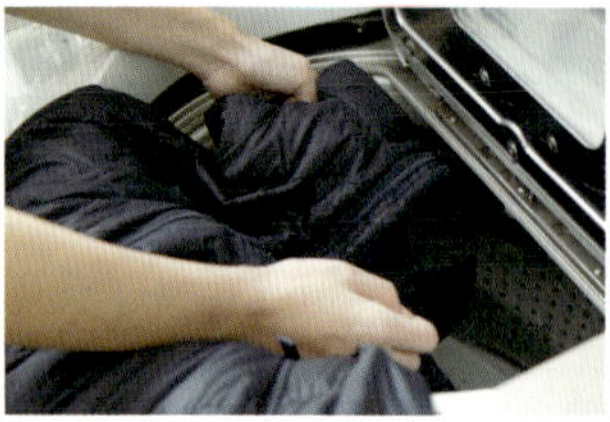

軽く水気をきってから、洗濯機で脱水する。時間は1分ぐらいを目安に足りなければ追加する。かけすぎると中の羽毛がかたよってしまうので注意。

中までしっかり洗う

においがしみついてしまったり、羽毛がぺちゃんこになっていたり……。中まですっきりさせたいときは、浴槽でしっかり洗いましょう。ぬれてしまった羽毛のふんわり感を取り戻すために、仕上げに乾燥機を使います。

1 浴槽で洗う

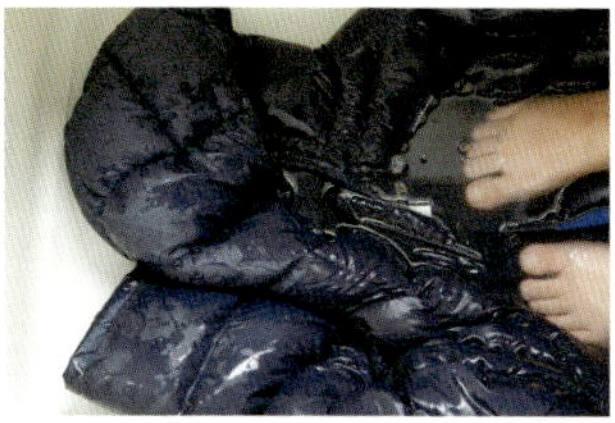

右ページ1同様に下洗いをした後、浴槽に軽く水をはって中性洗剤をとかし、ダウンウエアを入れて、足で踏みながら洗う。

2 二度すすぐ

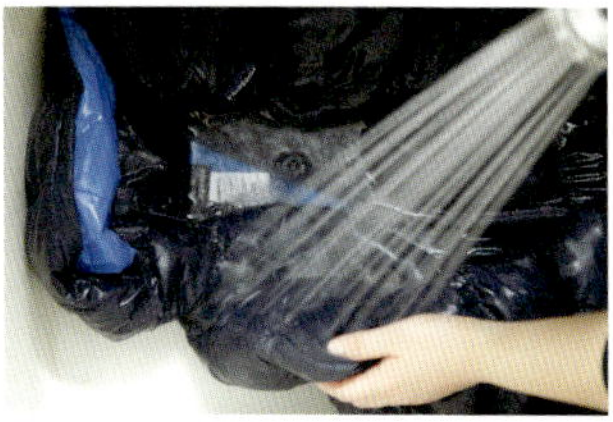

すすぎ用にぬるま湯をためて、足で30回ほど踏みながら洗剤をはなす。その湯を捨て、今度はシャワーの流水で洗剤がなくなるまでしっかりすすぐ。

3 干す

右ページ4同様に洗濯機で脱水した後、形を整え、風通しのいい場所に干す。仕上げには乾燥機（低温）を使う。きれいなテニスボールを入れて乾燥機にかけると、ダウンがたたかれてふっくら仕上がる。

point
乾燥機を使うとふっくら！

5 干す

形を整え、風通しのいい場所に干す。洗う前よりつぶれてしまったようなら、仕上げに乾燥機（低温）をかける。

＊よれをチェック！

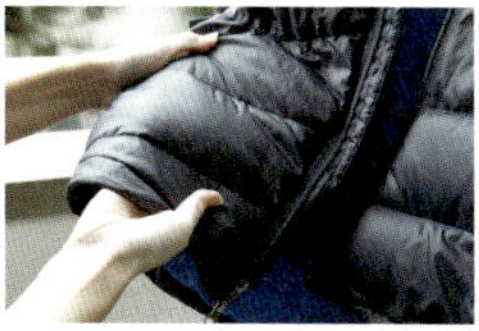

中の羽毛がかたよってしまったら、指で広げて直す。

＊乾燥機が家にない場合、コインランドリーを利用して。大きい乾燥機を使ったほうが、ダウンウエアがよりふくらみやすくなるのでおすすめです。

帽子

ニットの帽子や、綿や麻やウールなどのたためるタイプの帽子は、色落ちがなければ手洗いもOK。取り扱い絵表示を確認し、素材にあわせて洗いましょう。型崩れが心配な帽子は家庭では洗いにくいので、ブラシ&部分ケアできれいを保ちます。

夏のストローハット

夏は汗をかくので、肌にふれる部分の皮脂汚れを帽子が吸い取ってしまいます。汚れが変色しないように、こまめにふきとりましょう。かぶるたびにケアするのが理想ですが、少なくとも週に一度のお手入れをおすすめします。

1 ブラシをかける

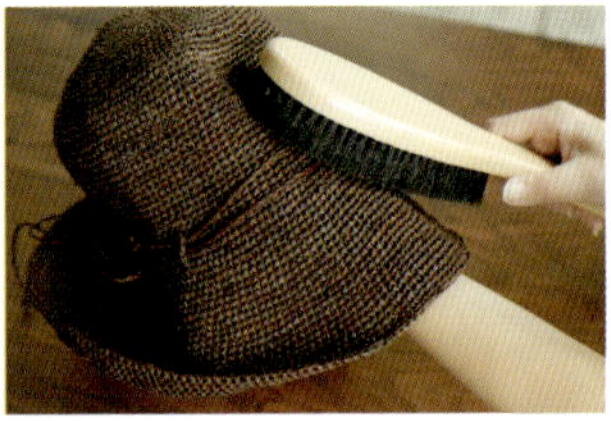

洋服用ブラシなどを使って、表面にブラシをかける。ストローハットの編み目にほこりが汚れがたまると落ちにくく、くすみの原因に。

2 内側をふく

内側の肌にふれる部分(スベリ)は、固くしぼったぬれタオルでふく。ラフィアなどの自然素材は洗剤を使うと変色することもあるので、水だけで。

3 風通しのいいところで干す

ふいた内側がしっかり乾くように、風通しのいい場所で干す。帽子全体の湿気もとばせるので、普段から通気性のいい場所に保管するのが◎。

＊シーズンオフには汚れを落とし、型崩れしないように箱や紙の袋に収納。
湿気はカビの原因になるので、湿度の低い場所に保管しましょう。

バッグ

バッグはその素材やデザインによって、ケアの方法がさまざま。購入時に、お店の人に確認するのがベストです。また、洗えたとしても乾かしにくかったり、風合いをそこなったりするので、なるべく汚さないように、地面に置くのは避けるなどを心がけて。

布製のトートバッグ

布製のバッグは生地にほこりがたまりやすく、ほうっておくと黒ずみがち。普段からブラシをかけて汚れをためないように。洗濯する場合は特殊な加工をしていないか、色落ちしないかを確認してから行います。

1 ブラシでさっと洗う

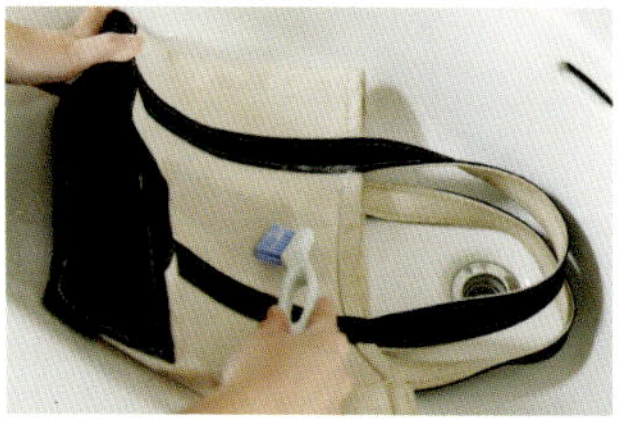

なるべく短時間で洗いたいので、汚れが落ちやすいよう30℃ぐらいのお湯＋洗剤を使う。汚れがひどい場所はブラシでこする。

2 のりづけする

帆布などはのりづけされていることも。はりのある仕上げにしたときは、すすぎの最後にのりづけするのがコツ。

3 タオルドライする

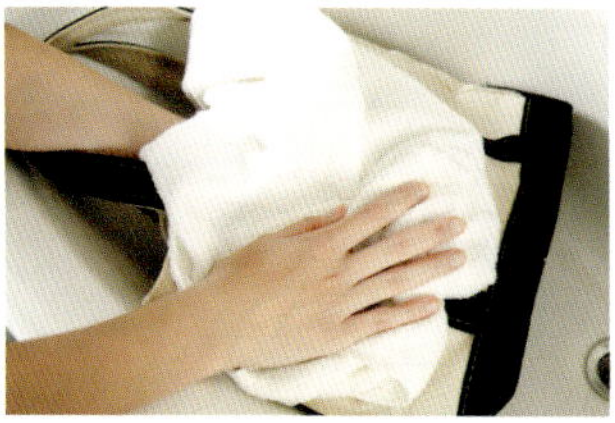

脱水をかけると型崩れするので、タオルでたたきながら水分をふきとる。干すときは、形を整えて陰干しを。

＊メーカーの同型バッグでも、ハンドルの色によって色落ちするものと、しないものがあることも。色落ちする場合、汚れに応じて部分洗いを。

point
for
care

ウールなどの毛玉は？

　繊維が擦れてからまると毛玉ができてしまい、それをとり除くことにより生地が薄くなってしまいます。ウールやフリースなどの毛玉ができやすい素材は、なるべく摩擦を避けるよう心がけて。柔軟剤を使って繊維をやわらかく保ち、こまめにブラシをかけて繊維のからみをほどくと、毛玉予防につながります。

　できてしまった毛玉は無理にひっぱると生地を傷めます。糸切りばさみなどでひとつずつカットするのがいちばんの方法です。広範囲にできたものは、専用グッズを使ってもよいでしょう。決して強くこすらずに、軽くなでるようにかけること。

　電動式だと勢いがついてとりすぎてしまい、生地が薄くなったり、穴があいてしまうことがあります。

ひとつずつはさみでカット

部分的にできた毛玉は、そっとはさみで切りとるのがベスト。毛玉をひっぱらないように気をつけて。

毛玉とりは軽くかける

広範囲にできたものは、専用グッズを使っても。電動ではなく、ブラシや軽石タイプなどを選んだほうが失敗がありません。決して強くこすらず、生地の表面を軽くなでるように使います。台所用のスポンジの粗い面を使ってとることもできます。

Part 4

スペシャル・ケア

より楽しく着るためのひと工夫

アイロンのきいたシャツ、真っ白に洗ったワンピース、ちくちくと繕ったパンツ──。ちょっぴり手をかけた服を着るのは、気分がいいもの。普段のケアが順調にできるようになったら、スペシャルケアにも挑戦してみませんか。自分の好きなこと、気になることからはじめてみるのがおすすめです。生地と向かい合い、手を動かす時間を味わうことで、服とのつき合いがより楽しいものに変わっていきます。

ボタンをつける

ボタンはとれるとつけるのが面倒だけれど、この機会に好きなものにつけ替えてみても。日頃からすてきなボタンを集めておくと、交換するのが待ち遠しくなりそう。

必要なもの

針、糸、はさみ、
ボタンホールの大きさにあったボタン

シャツのボタンつけ

1 ボタンの位置を確認する

糸を２本どりにして玉結びを作る。ボタンをつける位置を確認し、その部分の布地を、表からすくう。

2 ボタンをかけて縫いはじめる

ボタンの穴に針と糸を通して、縫いはじめる。

3 すき間をあけて縫うように

point
ボタンと布の間をあける

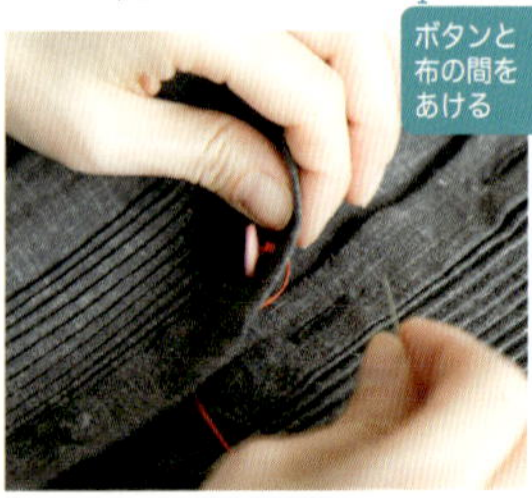

布とボタンの間には、布の厚み程度のすき間があくように、ゆるみを持たせて縫う（すき間をあけないと、ボタンがはめにくくなる）。

4 3～4回くり返す

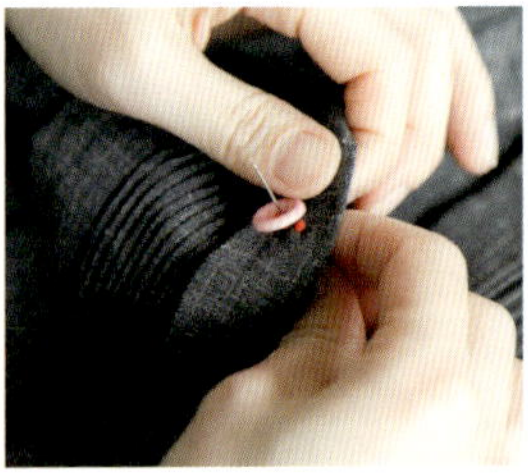

3～4回くり返して縫う。4つ穴の場合は、最初に２つの穴だけ通して3～4回縫い、つぎの穴に移って同様にする。

5 糸を巻きつける

ボタンと布の間に、糸を２～４回ほど巻きつける（糸足という）。

6 玉留めをする

布の裏面に糸を出し、玉留めをする。

完成！

足つきボタンの場合

1 ボタンの位置を確認する

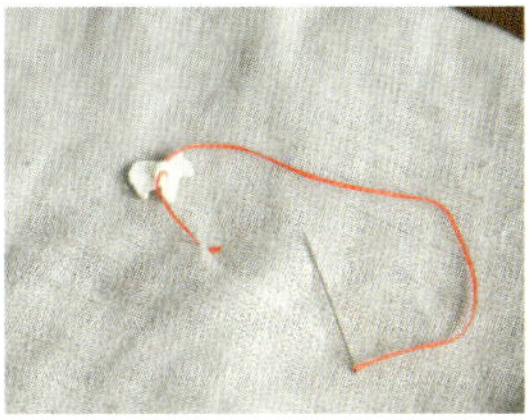

穴あきボタンと同様に、位置を確認したら表からすくい、ボタンに針と糸を通す。

2 3～4回縫う

足つきの場合は、そのままでも布とボタンの間にすき間ができるので、ボタンから裏地まで3～4回糸を通して縫えばOK。最後は裏で玉留めをする。

完成！

縫う

やぶけてしまったお気に入りの服。あきらめないで自分で縫ってみると、愛着が深まるかも。「きれいにもと通り」よりも、「でこぼこでも味のある仕上がり」をめざしましょう。

教えてくれた人

矢野ルリ子さん

東京・東中野にあるギャラリー「間・Kosumi」の店主。作家の手仕事による器、布物、雑貨などを扱っている。
http://kosumi.dip.jp/

パンツの穴

布作家の林暎子さんが作った厚手のリネンのパンツは、ざっくりとした表情が好きだったのに、愛用しすぎて膝に穴が……。自己流で繕ってみたところ、ちくちくとした手縫いあとが天然素材の素朴さとなじんだ。風合いのある服は繕いに向いている。

ざっくりとしたリネンの生地に、手縫いあとがなじんでくれた。

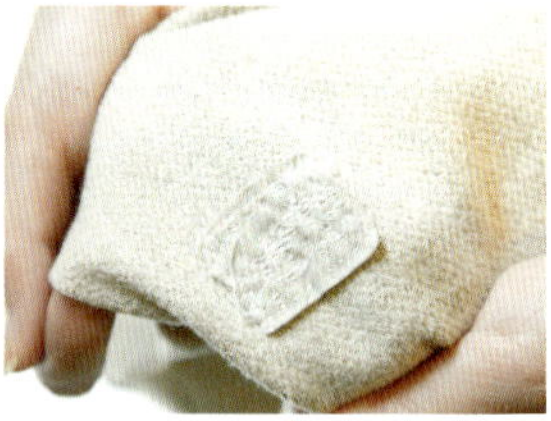

穴のあいた部分に裏からあて布をして、手縫いで縫いとめただけ。

ボタンを外して印象を変える

30年ほど前に買った「ニコル」のジャケットは、もとはダブルでボタンが二列あった。「ダブルは重い印象だから」と当時はあまり着なかったが、10年ほど前にボタンを一列外したところ、バランスがよくなり、それからは着続けている。

ニットの穴

靴下やセーターなどニットにあいてしまった穴は、あえて色とりどりの毛糸のモチーフでふさいでいる。

1 モチーフを決めて編む

まずは穴よりも少しだけ大きめに、こま編みでぐるぐるとモチーフを編む。編み終わりの毛糸は長めに切っておく。

2 モチーフを縫いつける

モチーフの毛糸の先を縫い針に通し、ニットにかがりつける（写真はセーターの脇にあいた穴を繕っているところ）。

教えてくれた人
田中真理子さん
（32〜41ページに登場）

テープを使っても

好きな模様が表に出るように調整して、裏側から縫いつけるだけ。

セーターのそで口についたワンポイントの花は刺繍ではなく、やぶけた穴からチロリアンテープをのぞかせたもの。

白い服の黄ばみをとる

白い服がだんだん黄ばんでいくのは、繊維に残った汗や石けんカスが、時間の経過によって酸化するのがおもな原因。綿や麻などの高温にたえる衣類なら、煮洗いで白さがとりもどせます。

必要なもの

深い鍋（アルミ、テフロン加工は避ける）、トング、弱アルカリ性の洗剤または粉か液体石けん、酸素系漂白剤（過炭酸ナトリウム）

白い服を煮洗いする

1 鍋に水と洗剤類を入れる

鍋に水と、小さじ１程度の酸素系漂白剤と洗剤（または石けん）を入れる。

＊熱湯に酸素系漂白剤を入れると発泡して危険なので、必ず水から入れる。

2 衣類を入れて火にかける

衣類（綿や麻などの高温にたえるもののみ）を入れて、火にかける。沸とう直前になったら火をとめる。

3 すすぐ

流水でしっかりすすぐか、漂白剤ごと洗濯機に入れて洗う。

After

洗濯機や手洗いでも落ちなかったが、煮洗いをしたら、黄ばみが落とせた。

Before

首まわりや脇などが黄ばんでしまった麻のワンピース。

タオルと布を気持ちよく

ふかふかのタオルや、シワのないテーブルクロスなど、きれいな布類を使うのは気持ちがいいもの。ちょっとしたコツを紹介します。

タオルをふかふかに

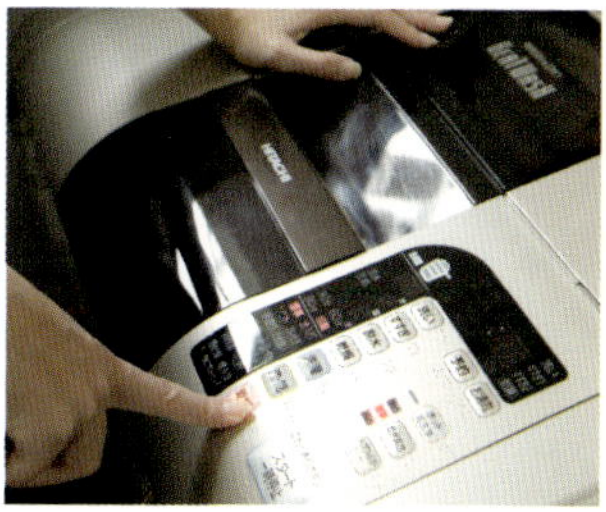

1 乾燥機を使う

タオルは乾燥機にかけるとふかふかに。高温だと逆効果なので低温～中温で。

2 干すよりふかふかに

乾燥機にかけることでパイルが立ち、いい仕上がりに。

テーブルクロスをピンとする

1 乾く前にアイロンを

布類は乾いてからだとシワがのびないが、乾く寸前に取り込むのはタイミングがとりにくいので、5～8割乾いたぐらいでアイロンをかけてしまう。

2 ふたたび干してもOK

アイロンをかけても湿り気が残る場合は、ふたたび干せばOK。途中でアイロンをかけたのでシワがとれてピンと乾き上がる。

シミ抜きをする

シミは種類によって落とす方法が異なりますが、家庭でそれをマスターするのは難しいこと。汎用性のある手段を覚えておきましょう。これでダメならプロに相談を。

必要なもの

酸素系漂白剤（過炭酸ナトリウム）
程度によってスチームつきアイロン

処置その1

1 酸素系漂白剤を小さじ1程度のせる

衣類の目立たない場所にとかした酸素系漂白剤をぬり、色落ちしないか試す。大丈夫だったら、シミに直接酸素系漂白剤をのせる。

2 お湯でぬらす

酸素系漂白剤をとかすために、少々のお湯でぬらしてペースト状にする。

3 軽くもみ洗い

軽くもみ洗いをして、1時間ほどつけ置きし、洗い流す。シミが落ちていたら、そのままふつうに洗濯する。落ちない場合は、処置2へ。

＊酸素系漂白剤（過炭酸ナトリウム）を使ったシミ抜きは、ウールやシルクなどの動物性繊維には向きません。

シミは、ついたらなるべく早く落とすことを心がけて。こすってしまうとシミが繊維にしみ込んだり、衣類を傷めたりするので、決してこすらないように。また、衣類がぬれているときには気づかなくても、漂白やつけ置きによって汚れが周囲にうっすらと広がることがあります。落ちたと思っても油断せず、シミ抜き処置の後には続けて洗濯をし、汚れが残らないように気をつけましょう。

ここで紹介しているのは、家庭でシミ抜きをするための簡易的な方法です。とくに大切な衣類はすみやかに、信頼できるクリーニング店などに任せることをおすすめします。

処置その2

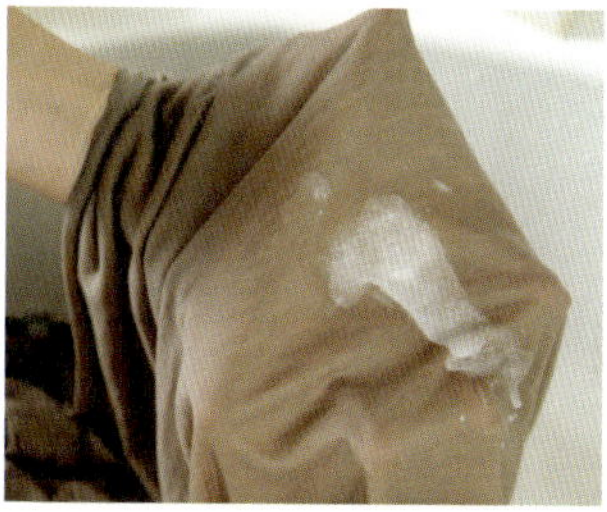

1 ペースト状にした酸素系漂白剤をぬる

酸素系漂白剤をペースト状にして、シミにぬりつける。

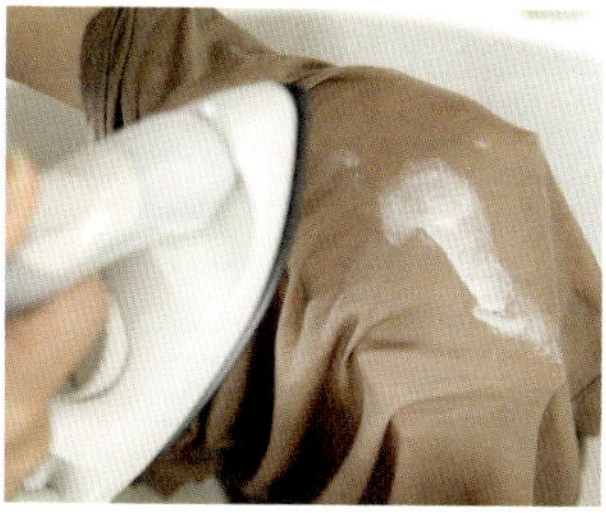

2 アイロンのスチームを3～4回あてる

酸素系漂白剤のチカラを最大限に引き出すために、アイロンのスチームをあてて熱を加える。そのまま1時間ほどつけ置きし、洗い流す。落ちていたら洗濯へ。落ちない場合は何度かくり返す。

その他のシミ

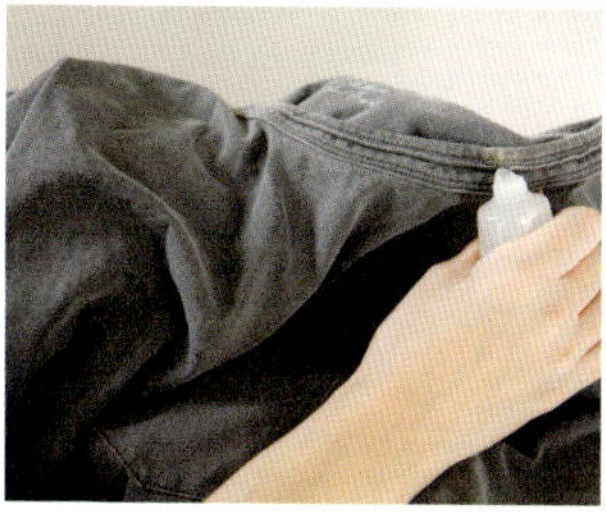

化粧品

ファンデーション、口紅などの汚れは、肌と同様にクレンジングで落とすのが効果的。クレンジングは油分が残らないよう洗い流せるタイプを選んで。汚れが落ちたら、そのまま洗濯を。

泥はね

泥は不溶性（固形）の汚れなので、まずは乾かしてからブラシでこすり落とす。その後、残った汚れは固形石けん（蛍光増白剤が入ってないもの）をぬりつけてもみ洗いをして、シミが残っていたら処置1をする。

血液

汚れがついたばかりなら水で洗い流せる。高温のお湯を使うと血液のたんぱく質が固まるので、必ず水かぬるま湯で。落ちないものは、セキス炭酸ソーダ（アルカリウォッシュ）をとかした水につけ置きしてから洗濯する。

アイロンをかける

アイロンが苦手な人も、基本のシャツからトライしてみましょう。はじめる前はおっくうでも、アイロンをすべらせるうちに無心になって、楽しい時間に変わっていきます。

必要なもの

アイロン、アイロン台、場合によって霧吹き

教えてくれた人

横田彩子さん（77ページに登場）

シャツのアイロンかけ

1 えり

えりを立てて しっかりのばす

あらかじめ生地をのばしてから、アイロン台に平らにのせる。アイロンの重みでのばした状態を定着させるようにかける。

ひっぱりながら かける

左手で生地をひっぱりながら、えりの形にそってゆっくりアイロンをすべらせる。表面も同様にかける。

2 袖

袖の折り目を 整える

アイロンをすべらせる前に、生地を整えるのが基本。袖の縫い目にあわせて折り目を確認。整えてアイロン台にのせる。

折り目から かけていく

折り目からアイロンをすべらせていく。このときも生地をひっぱりながら、アイロンが通る道を作ってあげるように。

紹介したのは「ほぼ毎日アイロンをかける」という横田さん流の方法。シャツがしめっているうちにアイロンをかけるか、しめり気が足りないときは霧吹きをかけてからスタート。アイロン台は先が丸くなっているタイプを使い、ところどころシャツを着せながら進めます。ポイントは、事前にシャツの形を整えることと、とくにピシッとさせたい部分からアイロンをすべらせること。生地をひっぱりながら、アイロンの重みでプレスするのがコツです。

3 カフス

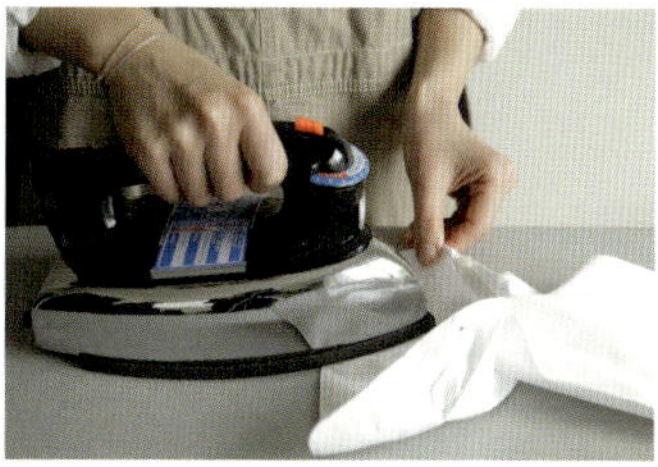

二枚の生地があわさっているカフスはちょっと難しい場所。アイロンの先のほうを使ってゆっくりかけていく。裏側をしっかりかけたら、表側はさっとかける。

4 肩まわり

形を整える

肩をピシッとさせたいので、身ごろの前に肩まわりをかける。形を整え、アイロン台にのせる。

折り目からかけていく

整えた折り目から、アイロンをすべらせる。ここは部分的にシワがのびれば OK。

5 前身ごろ

アイロン台に着せてのばす

アイロン台の先のほうを使ってシャツを着せ、生地をのばして整える。

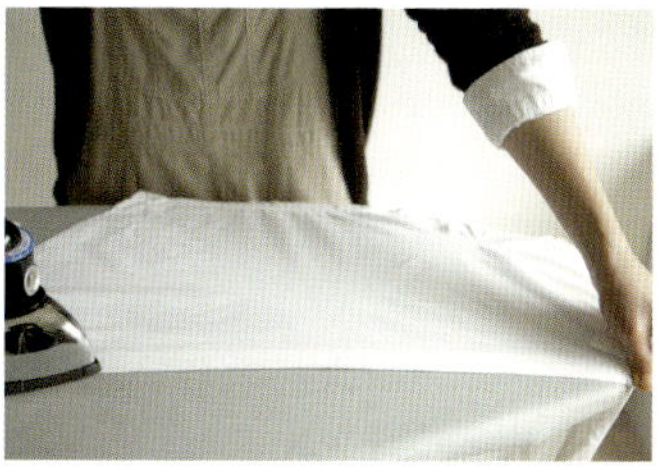

ボタン側からかけていく

左手で生地をひっぱりながら、ボタン側からアイロンをすべらせて、身ごろ全体をかける。

6 後ろ身ごろ

アイロン台に着せてのばす

アイロン台にシャツを着せ、生地をのばして整える。面積が広いのでシワのないように。

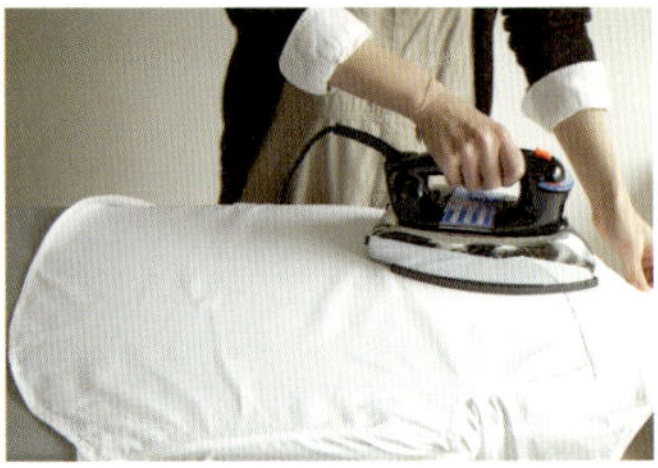

全体にかける

すその部分からアイロンをすべらせ、全体をかける。すそと、脇の縫い目あたりはとくにしっかりかける。

7 反対側も同様に

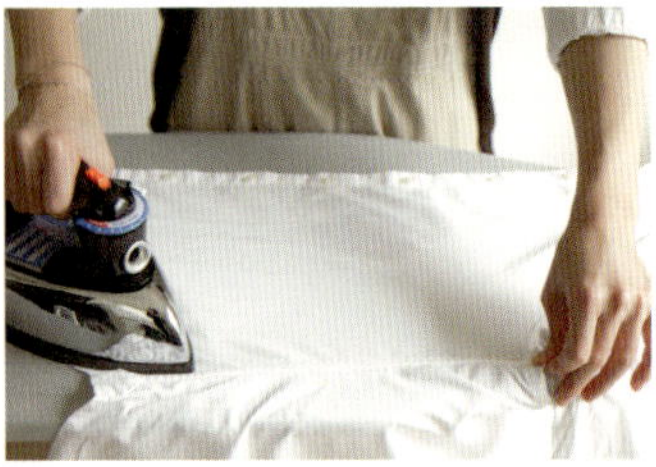

えり→そで→カフス→右肩まわり→右前身ごろ→後ろ身ごろの順にかけたら、左肩まわり→左前身ごろをかけて完了。

スチームでシワをのばす

1 スチームをあてる

ピシッとアイロンをかけるまでもなく、簡単にシワをのばしたいときは、ハンドスチーマーを使う方法も。のばしたいシワに直接スチームをあてる。

2 何度かくり返す

パワーの強いスチームが出る。生地をひっぱりながら、シワがのびるまで何度かくり返して。スーツの着用ジワをのばすのにも便利。

Part 5

シーズン・ケア

季節に応じた管理のすすめ

日本には四季があり、私たちは季節によって着る服を選んでいます。春と秋、季節の変わり目にする衣替えは、現代ではだいぶ簡素化され、省略する人も増えています。でも、衣替えのときにやるあれこれは、服を長持ちさせるためにとても大切なこと。つぎのシーズンにも、きれいな状態でお気に入りの服に袖を通せるように、自分なりの方法でクローゼットの中を点検していきましょう。ここではとくに大切なポイントを紹介します。

みんなのパターン

服の保管と衣替え

横田彩子
主婦

＜衣替えはする？＞

- 自分の服は簡易的にやる。
- 子どもの服はしっかりやる。

＜自分の服の保管場所＞

- シーズン&オフ、ほとんどの服をクローゼット（約180センチ幅）とチェストひとつに収納。
- 一部、シーズンオフ時のコート類だけグルニエで保管。

ゾーンを入れ替えるだけ

自分の服の衣替えは簡易的。普段、シャツやワンピースなどのハンガーにかける服はクローゼットに収納していますが、左側が使いやすいので、衣替えの季節にはシーズンの服が左側に、オフの服が右側にくるように入れ替えるだけ。ジャケットやコートはかさばるので、シーズンオフになるとクリーニングに出してグルニエに移します。デニムやセーターなどのたたむ服はチェストにしまって、一年中そのままです。

また、衣替えのタイミングで不要な服を処分しています。そのとき、かわいいボタンや好きな生地のハギレを残しておくんです。パッチワークして毎年編んでいるマフラーの裏生地にしたり、袋物を作るときの材料にしています。

葛西 恵
デザイナー

＜衣替えはする？＞

- している。

＜自分の服の保管場所＞

- シーズン&オフ、すべての服をクローゼット（約250センチ幅を夫と2分割）に収納。
- クローゼット内に無印良品の引き出しを入れて、使いやすい上部にオンの服を、下部にオフの服をしまっている。

クローゼットの大掃除をかねて

衣替えは、天気のいい週末に半日ほどかけてやります。クローゼットの中身を全部出し、すみずみまで掃除。不要になった服はこのタイミングで処分しますが、まだ着られそうな服は箱詰めして岐阜の「リサイクル生活ぷらざ」に送ります（送料を負担すれば、無料で引き取ってくれるシステム）。

掃除と服の見直しが終わったら、シーズンの服とオフの服の入れ替えです。シーズンの服は使いやすい引き出しの上部にしまったり、ポールの手前にかけたりします。オフの服で虫喰いしそうなものは、不織布の袋に防虫剤と一緒に入れてから収納。コートなど、クリーニングに出すものは、この入れ替えのときに抜き出しておき、後日持ち込みます。

谷山彩子
イラストレーター

<衣替えはする？>

・簡易的だがしている。

<自分の服の保管場所>

・クローゼット（約150センチ幅）がふたつあり、それぞれにシーズン＆オフの服を収納。
・ほか、引き出しタンスがひとつある。

服を減らしてから衣替えがラクに

わが家にはクローゼットがふたつあって、シーズンの服と、オフの服に分かれています。衣替えでは、そのふたつを総入れ替えして、クローゼットの中を掃除。引き出しに入っている服をぜんぶたたみ直しながら、不要な服を選別します。

だいたい半日ぐらいで終了しますが、以前はもっとかかりました。４年前に突然思い立ち、服を半分に減らしてから、衣替えがだんぜんラクに。「洋服はいっぱいあるのに、今日着たい服がどうしてないの？」と思ったのがきっかけで、手持ちの服を見直したんです。今では「てきとうにおしゃれに見えて、仕事をするにもくたびれず、着ていて心が晴れる服」だけにしぼっているから、管理がしやすくなりました。

宮城景花
プランナー

<衣替えはする？>

・ほとんどしない。

<自分の服の保管場所>

・ウォークインクローゼットに、すべてのシーズンの服を収納。
・たたむ服については、シーズンの服は手前に、オフの服は奥に、クローゼット内で入れ替える。

衣類はすべて一か所に収納

収納が苦手なので、家を建てるときに物がしまえる場所を確保しました。寝室にウォークインクローゼットを造り、私と夫の服はすべてそこに入れています。シーズンごとの入れ替えもしませんが、唯一、たたんであるトップス類だけは棚の手前と奥に入れ替えます。でもそれもいっぺんにやるわけでなく、「今日は寒いから長袖出そう」と、その都度奥から引っぱり出してくる感じです（笑）。

子どもたちが学生なので制服の衣替えがあり、そのタイミングでオフの服をクリーニングに出します。近所には汚れが落ちないわりに値段が高いクリーニング店しかないので、ひと箱単位の宅配クリーニングを利用し、家族分をまとめて送っています。

Part 5

衣替えの基本

季節にあわせて衣類の入れ替えをする衣替え。汚れを落とし、防虫をして、また来年も着られるようにきれいにしまう――。

手間のかかる作業だからこそ、手持ちの服をメンテナンスするいい機会になります。

最近では衣替えをしない人や、真冬と真夏のアイテムだけ入れ替えて簡易的にすませる人も増えていますが、シーズンの終わりには最低限、衣類の汚れを落とすことを心がけると、大切な服の寿命がより長く保てるはずです。

	月	気温	
春	3月	8.1℃	
	4月	14.5℃	コート類をしまう
	5月	18.5℃	半袖を出す
	6月	22.8℃	衣替え
秋	9月	25.1℃	
	10月	19.5℃	衣替え
	11月	14.9℃	コート類を出す
	12月	7.5℃	

＊気温は2011年度の、東京の月ごとの平均気温（気象庁ホームページより）。

官公庁や企業、学校などの制服を着るところでは、春は6月、秋は10月の1日に衣替えをするのが一般的。実際の気候を見ると、4月にはすでにコート類が不要だったり、5月でも日中の最高気温が20℃を超える日もあったりするので（東京の場合）、衣類の入れ替えは段階を追って進めるのがベターです。

手持ちの服を「真冬用」、「真夏用」、「一年を通して着る中間服」に分類し、衣替えのタイミングが同じもので引き出しを分けておくと、管理がしやすくなります。また、衣替えのときには不要な服があるかどうかもあわせて判断。着ない服に手間と場所をかけないように、見直していきましょう。

衣替えのポイント

防虫する

カシミヤやシルクなど、高級な素材ほど虫が好む傾向にある。しまうときは必ず防虫対策をしよう。詳細はつぎのページで。

カラリと晴れた日を選んで

衣替えは、空気が乾燥したお天気の日をねらって実行。衣類が湿気を含んでしまうので、雨降りの日や湿度の高い日の衣替えは避けるべき。朝からはじめて、午後2時ぐらいまでに終わらせるのがベスト。

湿度に気をつけ、換気を心がける

保管場所の湿度が高いと、ケース内の温度があがって虫喰いやカビの被害につながる。とくに梅雨の時期や台風後などは要注意。晴れた日をねらって押し入れやクローゼットの扉を開けて換気をしたり、乾燥剤を使うなどの対策を。

必ず洗濯をしてからしまう

衣類には、汗や皮脂、食べこぼしや飲みこぼしなど、気づきにくい汚れがついている。そのままにしておくと酸化して黄ばみができたり、虫喰いの原因になる。衣類を長期間保管する前は、必ず洗濯をするか、クリーニングに出して汚れを落とそう。とくに夏物は汗や皮脂汚れが残りがちなので、ドライクリーニングだけなくウエットクリーニングを併用しても（127ページ参照）。

ほこりを防ぐ

たとえクローゼットの中でも、衣類がむきだしになっているとほこりがたまり、衣類の黒ずみをまねく。シーズンオフの衣類はケースにしまうか、カバーをかけてほこりよけを。なお、クリーニング店でかけてくれるビニールのカバーは通気性が悪いので、長期保管には向かない。不織布などの通気性のよいカバーに交換してから保管するのがおすすめ。

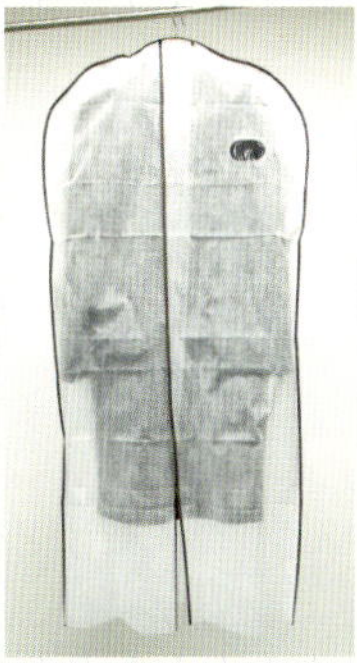

衣類は完全に乾かす

衣類に湿気があると、カビの原因になる。家で洗った衣類はしっかり乾かしてからしまうのが基本。クリーニングからもどってきた衣類でも、まだ熱が残っていたり、溶剤が乾ききってないこともあるので、カラッとしてない場合はしばらく風を通してからしまう。

きれいにゆったりしまう

つぎのシーズンになるべくそのまま着られるよう、シワや型崩れに気をつけて保管しよう。きれいにたたんだつもりでも、詰め込みすぎるとたたみジワになるので注意。コートやジャケットは厚みのあるハンガーにかけたまましまうと肩やえりもとが型崩れしにくくなる。また、型崩れが心配な衣類は収納ケースのいちばん上にしまうとよい。

防虫について

Part 5

衣類につく虫は、春から秋にかけての暖かい時期に活動し、暗くて湿度の高い場所を好みます。衣類の中に成虫がまぎれこみ、5～8月にかけて産卵し、その幼虫が衣類を食べて穴をあけるのです。

虫喰い被害を防ぐためには、衣類そのものが虫に好かれないように対策をし、保管場所の環境にも気を配ることが大切。保管場所となる押し入れやクローゼットは、ほこりがたまらないように掃除をして、湿度が高くならないように心がけて。衣類には汚れを残さず、可能であれば保管の前に、虫が死滅する高温処理をするのが効果的。クリーニングやアイロンがけには殺虫効果があります。

虫喰いが発生しやすい条件

温度	25～30℃
湿度	50～80％

防虫剤の種類

しょうのう
昔から使われている防虫剤で、穏やかな作用。においがある。

ナフタリン
効き目はゆっくりだが、持続性があるので長持ちする。においがある。

パラジクロロベンゼン
威力が強くて効き目が早い分、持続性はないので交換サイクルも早い。においがある。

ピレスロイド系
においがなく、他の防虫剤と併用して使える。

＊ピレスロイド系以外の防虫剤は、薬剤がとけてシミになったり、変色する可能性があるため併用して使うことはできない。

ナチュラルな防虫剤

環境や肌に負担をかけない天然素材の防虫グッズも。

木は、害虫から身を守るために「シドロル」という物質を分泌しているが、レッドシダーはシドロルを大量に含むため防虫効果が期待できる。引き出しなどにそのまま置くタイプと、ハンガーのようにポールにかけて使うタイプがある。

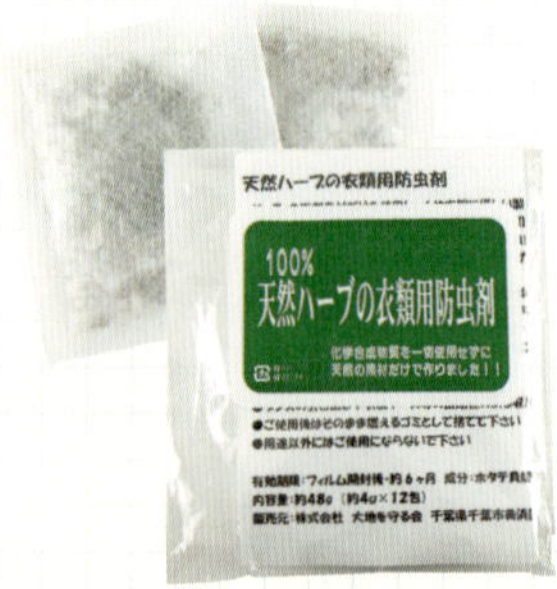

ユーカリ、くま笹など、虫が苦手な植物を乾燥させて、その香りで虫の忌避効果をねらったもの。引き出しの上部に置いて使う。

Part 6

プロフェッショナル・ケア ときには頼りたい専門の技術

ここまで、家庭での衣類ケアを中心に紹介してきましたが、上手にプロの手を借りることもひとつの方法。信頼できるクリーニング店を見つけられたら、大切な服の寿命がきっとのばせるはず。とくに特殊なシミ抜きには専門の知識が必要です。また、プロのリフォーム店を味方につけると、着ないでそのままになっている服がよみがえります。クリーニングやリフォームの基礎知識を身につけて、よきパートナーを探しましょう。

Part 6

クリーニングに出す

コートやスーツなどの大切な服ほど「汚れたらクリーニングに出そう」と当たり前のように思っている人も、多いのではないでしょうか。でも、一般的なドライクリーニングで落とせるのは、ほこりと油溶性の汚れだけ。汗などの水溶性の汚れはドライクリーニングでは落ちません。

服を長持ちさせるためには、汚れの状態にあわせたお手入れが必要です。基礎知識を身につけて、きちんとアドバイスをくれるような技術の高いクリーニング店を見つけましょう。

クリーニング店に出すものの目安

- 取り扱い絵表示で、水洗い不可の服
- 型崩れしそうな服
- 色落ちしそうな服
- 自分でアイロンがかけられない服
- ウールやシルクなど、風合いを保ちたい服
- 落としたいシミがある服（シミ抜き指定で）

クリーニング店での主力商品といえば、水を使わない「ドライクリーニング」です。ドライクリーニングに使う有機溶剤には油分をとかす力があり、家庭の洗濯では落ちにくい油汚れを落とすのが得意。その反面、水溶性の汚れは落とせないため、「クリーニングに出したのに、すっきりしない」と感じる人もいるかもしれません。水溶性の汚れを落とすための洗剤をプラスするなど、対策をとっている店もありますが、だからといって技術の高いクリーニング店とは一概にいえないので、仕上がりで判断しましょう。

家庭用洗濯機に「おうちクリーニングコース」が設けてあったり、ホームクリーニングをうたった洗剤が存在したりしますが、それらはドライクリーニングとは根本的に異なるもの。家

クリーニングの種類と基礎知識

ドライクリーニング

スーツ、コート、ジャケット、ニット、ネクタイなど、水洗いができない衣料品のための洗濯方法。水を使わずに、石油などを原料にした有機溶剤を使って洗濯する。衣類の型崩れや収縮が起きにくく、風合いが変わりにくいのがメリット。落とせる汚れは比較的新しい油溶性の汚れ（皮脂汚れなど）とほこりで、汗や果汁などの水溶性の汚れは落とせない。

ランドリー

ワイシャツやシーツなどの水洗い可能な衣料品について、石けん、洗剤、アルカリ剤などを使って高温で洗う洗濯方法。家庭での水洗いと違って高温で洗うため、汚れの除去率が高く、殺菌効果も期待できる。その分、頻繁にくり返すと生地の劣化を早めてしまうことも。

ウエットクリーニング

ドライクリーニングでは落ちない汚れを水洗いする方法。本来はドライクリーニングをするべき水洗いに向かない衣料品について行うため、高度な技術が必要となる。一般的にはドライクリーニングより割高。

庭では、ドライクリーニングと同じ洗濯方法はできません。

そのほかのクリーニングの種類には、「ランドリー」と「ウエットクリーニング」があり、どちらも水洗い（ランドリーは高温洗い）をするものです。

とくにウエットクリーニングはまだ発展途上の技術なので、クリーニング店によって独自の方法をとっていたり、さまざまなネーミングがついていることも。なかには汚れかたに応じて、ドライクリーニング+ウエットクリーニングの〝ダブル洗い〟を推める店や、ウエットクリーニングをメインの商品として扱う店もあります。

なお、シミ抜きは店によって、ドライクリーニング料金の範囲で対応する場合と、特殊なシミについては別料金の体制をとる場合があります。

クリーニング店の選びかた

クリーニング店の技術力は、店によって大きな差があります。「大切な服をクリーニングに出したら、生地がダメになってしまった」というトラブルも、残念ながらめずらしい話ではありません。近所だからとか、安いからという理由でつい選びがちですが、価格を下げるためにはそれなりのコストカットをしているはず。たとえば、ドライクリーニングでは、使っている溶剤を下水に流すことはできません。溶剤をろ過して再利用するのが一般的で、きれいに管理するためにはたいへんな手間とコストがかかります。

高品質のクリーニングを低価格で提供するのは、そう簡単ではないと頭に入れておきましょう。

クリーニング店のおもな種類

自家洗いの店

受付した店舗内でクリーニング処理を行うケースで、個人経営の店が多い。また、チェーン店でも受付と工場を一体としているユニット店とよばれるタイプもある。受付と技術者が同一、もしくは連携を取りやすい環境なので、受付が技術内容を把握しやすく、技術者にも顧客の声が届きやすい。個人店では技術力の格差が出やすい面もあり、優良な店とそうでない店がはっきり分かれやすい。

取次店

受付した店舗とは別の場所でクリーニング処理を行うケース。おもにチェーン店がこれにあたる。効率的に作業が進められるため、低価格な傾向。さまざまな事例を共有できるので、志が高い店ならば一定の技術が保てる反面、人件費にお金をかけていない店も多く、受付もクリーニング技術も流れ作業的になってしまう懸念がある。

保管サービス

シーズンオフの衣類を出すなら、クリーニング後にそのまま預かってもらえる保管サービスを活用しても。大手クリーニングチェーンの白洋舎では、クリーニングのオプションとして「保管サービス」を用意。アイテムによって1点210円～で、冬物は9月末、夏物は3月末までの保管が可能です。

首都圏に140店舗を展開する喜久屋では、クリーニング料を支払えば保管が無料になる「e-closet」を展開。春期（秋冬物）は3～11月、秋期（春夏物）は9～5月と、最大9か月間の保管を実施しています。

その他にも、多くの宅配クリーニングが同様のサービスをはじめています。

Check sheet

クリーニング店を選ぶとき

- [ ] 受付の人に知識があり、衣類の確認やクリーニング内容についての説明がある。
- [ ] 料金の説明が明確で「預かり証」を発行している。
- [ ] 万一のときの賠償制度がある。

クリーニングに出すとき

- [ ] 品質表示を見て、適切なクリーニング方法（ドライかウエットかなど）を確認して伝える。
- [ ] シミ、ほつれ、破れなどがないかを確認して伝える。また、シミになっていなくても白ワインやジュースなど、こぼしてそのままになっている箇所があるなら必ず伝える。
- [ ] とくに大切な服の場合、そのむねを伝える。
- [ ] はじめて洗うもの、はじめてクリーニングに出すものは、そのむねを伝える。
- [ ] スーツなど、そろいのものは一緒に出す。
- [ ] ベルトやフードなど、付属品がある場合は伝える。
- [ ] 最終的な処理内容について説明をきき、値段を確認する。
- [ ] 預かり証は必ず受け取る。

仕上がりを受け取るとき

- [ ] 付属品をふくめ、預けた品物がすべてあるか、店の人と一緒に確認する。
- [ ] シミや汚れがあった場合、落ちているかどうか、その場で確認する。
- [ ] 帰宅後はすみやかに全体を確認し、変わったことがあればすぐに店に連絡する。

クリーニング事故賠償基準

「クリーニング事故賠償基準」とは、クリーニング店が原因でトラブルが起きたときに、その賠償について基準を定めたもの。公平かつ効率的にトラブルを解決すること、消費者の簡易迅速な救済をはかることを目的に、組合(全国クリーニング環境衛生同業組合連合会）が中心となり、学識経験者や消費者団体、日本弁護士連合会、厚生労働省、経済産業省ほか多数が集まって作成されました。

たとえばコートなら4年、ブラウスなら3年と衣類の平均的な使用年数が設定されていて、損傷してしまったアイテムが何年着られていたか、使用状況はどうだったのかなどとあわせて、補償割合が計算されます。コートの場合、購入から5年（60か月）が経過していて常識的な使用の範囲だと、市場価格の27%が支払われるという仕組み。残念ながら、同じような品物をまた購入するには遠い金額。悲しい思いをしないよう、クリーニングは信頼できる店に依頼しましょう。

クリーニング店にきく

「服を長く着るために」

古田武　ふるた たける

クリーニング店「レジュイール」店主。クリーニング歴は55年。レジュイール創業以来、欧州への研修旅行にも積極的に出向き、独自のテクニックを構築。多くのラグジュアリーブランドやインポートショップからの信頼も厚く、数々のブランドや百貨店での講習会も頻繁に行っている。近著に『クリーニング革命——すべては喜ばれるために』（アスペクト）がある。http://www.rejouir.co.jp/

お店の詳細はP.136へ

クリーニング店は洋服のお医者さん

「クリーニングの仕事は、ただの洗濯屋ではありません」と話すのは、東京・南麻布にある「レジュイール」の店主、古田武さん。一流ブランドの服を安心して任せられるクリーニング店として、口コミやショップからの紹介で訪れる人は後を絶たず、その技術の高さには定評があります。

古田さんが考えるクリーニング店の役割は、ずばり洋服のお医者さん。

「シミを抜いて、汚れをとって、風合いを保って、デザインを復元する。これらのことがぜんぶできなくてはだめ。クリーニングの腕は、組合に入っているかどうかで見極められるものではないんです」

では、どのようにクリーニング店を選んだらよいのでしょうか。

「まず大切なのは受付です。クリーニングは技術を売る仕事なので、本来ならば受付がとっても大事。その場でシミを見つけたり、生地の弱っている部分を把握したり。お客様から仕上がりのご要望も、ちゃんと聞き出せなくてはいけません。もしも知識のない人が受付をやっているようなお店に出すならば、『自分の代わりに洗ってくれるお店』ぐらいの気持ちで出す。クリーニング本来の技術はもとめられません」

クリーニングは技術であり、そもそも人によって、店によって仕上がりが違うのは当然だと話す古田さん。「近い」「安い」を理由に出すならば、それなりの仕上がりだと割りきるべきだといいます。

「もしも技術を確かめたいなら、白いトレーナーを『絶対に水洗いしないでください』といって出してみる方法もあります。ドライクリーニングの溶剤が汚れていると、汚れが再付着してしまうんです。白いトレーナーが出したときと変わらずに返ってきたら、そのクリーニング店の溶剤はちゃんと管理されている証拠です。あとは、クリーニングに出すときは『この服は大事にしているものなんですが、万一の事故のときに、保険に入っていますか』と確認してください。ちゃんと説明できないお店はやめたほうがいいでしょう」

高い服＝長持ち、とは限らない

プロのクリーニングなら風合いを保つように仕上げてくれるけれど、「クリーニングで服が新しくなることは絶対にない」と古田さん。

「洋服は、着ればほこりがつくし、汗もつく。人間だって、30歳の人が18歳になったりしないように、服も永遠に持つなんてことはありません。あとは、ブランドの服だから、高い服だからといって、長持ちするとも限りません。その服が高いのはデザイン料であって、長持ちするように作ってあるかどうかはまた別。それはやっぱり品質表示を見て、自分で確認しないといけません」

服を長持ちさせたいなら、上手なクリーニング店を見つけることはもちろん、「家で洗えるものは自分で洗う」のがおすすめだと古田さん。

「ドライクリーニングで落とせるのは油汚れとほこりだけで、汗は落とせない。でも、現代は冬でも汗をかくんです。汗に関しては、自分でケアするのがいいと思います」

自分でできる部分は手間を惜しまず、そしてポイントでクリーニングを使うのが賢い方法。たとえばカシミヤのニットなら、買ったばかりの最初の2〜3回は、自分で洗濯せずにクリーニングに出すことをおすすめしています。それは、やっぱりドライクリーニングのほうが風合いよく仕上がるから。でも、2〜3回をすぎると買いたての状態とはどのみち異なってくるので、そこからは自分で洗ってもOK――というのが古田さんの考え。

「プロに頼んだほうがいいものもあります。レーヨンは縮む素材なので家庭では難しいでしょう。シルクは水でなら洗えますが、風合いを保つことを考えるとプロでも難しい素材です。それから、シルク、コットン、リネン、ビスコース、レーヨンでプリーツ加工をしたスカートなどは、水に濡れると加工がとれて、再加工はできません。大切な服についたシミは、なんでもかんでも洗ってしまうと、かえってこじらせてしまうことも。シミは信頼できるプロに頼むのがいちばんです」

ちょっとしたクリーニングは近所のお店に、大切な服はとくに信頼できるお店に出すなど、アイテムによってお店を変えてみるのもひとつの方法だと古田さん。

まずは何件かのクリーニング店に普段着などを出して試しながら、よきパートナーを見つけていきましょう。

Part 6

リフォームに出す

手持ちの服をより長く着るために、リフォーム専門店のチカラを上手に借りてみませんか。自分では手に負えないダメージの修理やサイズ直しのほか、服のラインをちょっと変えたいときにも、ぜひ相談をしてみましょう。

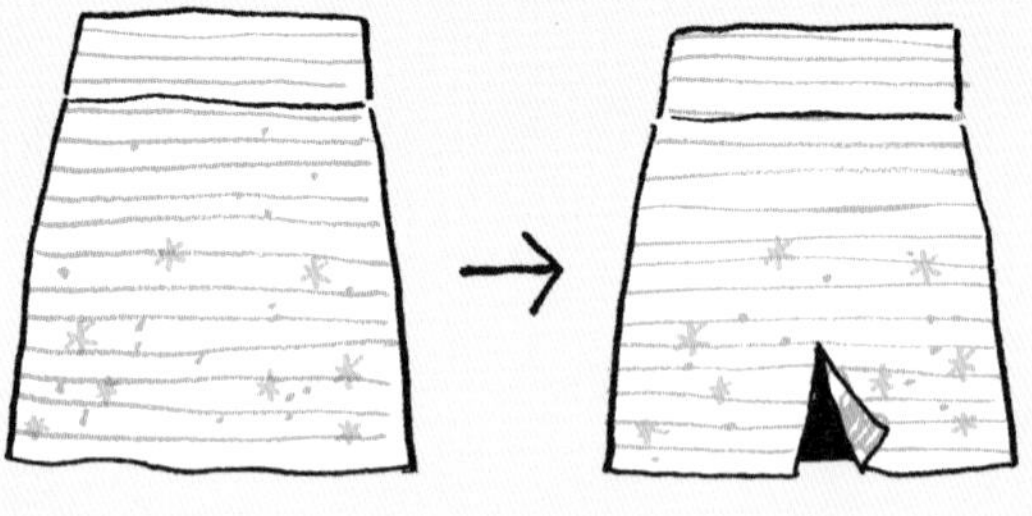

ファスナーが壊れた、縫い目がさけてしまった——など、たったひとつのダメージで好きな服が着られなくなるのは残念なこと。そんなときはあきらめず、リフォームのプロに相談を。ボタンつけ1個から対応してくれる店もあります。自分でやろうと思いつつ放置しているお直しなどは、思い切って依頼したほうがすっきり解決します。

　デザインが古くなったり、体型が変わって入らなくなったりした場合も、リフォームでラインを変更できます。また、気に入って買ったはずなのに、なかなか袖を通さない服にはそれなりの理由があるはず。一部を調整するだけで、着こなせる一枚に生まれ変わります。

色を染めかえる

たくさん着すぎて色あせてしまったワンピース、同じ色が何枚かだぶって着ていないシャツを、染めかえに出しました。

Before

麻のワンピースは色落ちして、ところどころシミもあり、このままでは着られない状態。綿のシャツは薄いブルーのほぼ新品。

After

ワンピースはシミも隠れて新品のように。シャツの化学繊維の糸は染まらず、ステッチが浮き出ておもしろい表情になった。

「エベベ」は、京都の「モリカゲシャツ」が展開するデザインプロジェクト。“使い続ける”をコンセプトに、染めかえのほか、ハギレの活用なども行う。染めかえはインディゴ染めの6回染め（濃い藍色）と3回染め（薄い藍色）から選べ、申し込みから納品までの期間は2～3か月。今回の大きめのシャツは染めかえ料金3675円。ワンピースも染めかえは同額だが、両脇がほつれていたのでその修理にプラス1050円で、計4725円。

頼んだお店

ebebe（エベベ）by モリカゲシャツ

染めかえできる素材は綿か麻のみ。受付時に染めかえ可能かどうかを判断する。店頭持ち込みか宅配にも対応。宅配の場合、往復の送料を負担（今回は計2000円程度）。

京都市上京区河原町通り丸太町上ル
桝屋町362-1　モリカゲシャツ
075-256-4096
http://www.ebebe.jp/

ワンピースの首もと、袖丈を変える

色にひかれて買ったワンピースは、ゆったりしすぎて着ぶくれするのが難点。手首と鎖骨が見えるよう、2か所をリフォームすることに。

After 首ぐりを幅2センチ・深さ5センチほど広げて、袖丈を7.5センチつめた。

Before 体がほとんど隠れるゆったりシルエットが、着ぶくれして見える。

「リフォームワークス」は、「ジャーナル スタンダード」や「ドゥーズィエム クラス」などの人気ブランドを持つベイクルーズグループのリフォーム事業部。日々最先端のアイテムを扱っているから、こちらのデザイン的な希望を察知してくれる。今回の料金は、首ぐり直し3000円、袖丈つめ2000円で、計5000円+税。

頼んだお店

B'Reform Works Studio（リフォーム ワークス）

東京・渋谷、原宿の中間に店舗があり、郵送にも対応（まずは電話で相談）。ジーンズのダメージをいかした加工や、デザインに配慮したシルエット変更など、細やかな相談も可。

東京都渋谷区神宮前6-18-14
BC神宮前PROPERTY 3F
03-5766-4137
http://www.baycrews.co.jp/reformworks/

料金表 掲載しているのは一例です

パンツ	丈つめ ¥945～1155／股上つめ ¥3675～
	USED加工 ¥3150～
スカート	ウエストつめ・だし（広げる） ¥2000～
シャツ	身幅つめ ¥2500～
全般	ファスナー交換 ¥2000～
	ボタンつけ・移動 ¥105（1個）

トップスの丈とラインを変える

手持ちの服とあわせにくかったトップス。「ラインをタイトに、すっきりさせたい」とリフォームワークスに相談しました。

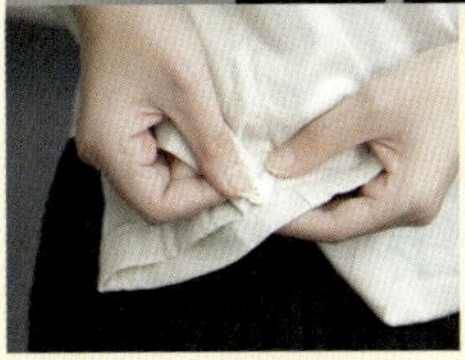

Before ふわっとしたシルエットが自分に似合わないようで、タンスの肥やしに。

After 部分的なリフォームで印象が変わるよう、着丈を 10 センチつめて（2500 円＋税）、両脇をボタンでとめて幅をつめられるようにした（1000 円＋税）。

コートに裏地をつける

海外で買ったコートは裏地がない仕様で秋口にしか着られなかった。裏地をつけたら風が通らなくなり、防寒度アップ。着る期間が広がった。

近所の個人店

母がなじみの個人店に依頼したところ、5000円で仕上げてくれた。取り替えではなく一から裏地をつける場合、パターンを起こさなくてはいけないので、相場では1～2万円ほどかかる。

衣類のケアに役立つショップ一覧

クリーニング・シミ抜き

レジュイール

http://www.rejouir.co.jp/
東京都港区南麻布 1-5-18 FRビル
03-5730-7888

高度な職人技術を提供するために、ブランドやメーカーと提携しながら最新の素材・加工情報を把握。欧州への研修旅行にも出向き、海外クリーニング店との技術提携も行っているため、インポートものにも強い。衣類の素材やデザイン、特殊なシミ(ワインやコーヒー、ペンキ、インクなど)によって料金が変わるので、受付時に確認を。目安はブラウス5200円〜、コート7000円〜。

ウォータークリーニング ナチュラルクリーン

http://www.naturalclean.co.jp/
千葉県君津市外箕輪 2-10-1
0439-57-1700

衣類・レザーなどの水洗い(ウエットクリーニング)を得意とし、水洗い歴15年で800万点以上の実績を持つ。千葉の君津本店ほか、新宿伊勢丹、日本橋三越本店、JR大阪三越伊勢丹、福岡岩田屋本店などにも店舗あり。また、SHIPS全店舗、BEAMS全店舗などでも一部取り扱いも。宅配や保管サービスも行っている。スーツ6300円〜、ロングコート7350円〜。

アイクリーニング白栄舎

http://www.saqua.co.jp/
千葉県松戸市西馬橋 2-34-2
047-344-0022

生地を傷めないクリーニングがモットー。ドライクリーニングには高品質溶剤のパークドライを使用。ウエットクリーニングには重曹+オレンジオイルや、のりづけに天然タピオカ澱粉を使うなどのエコ対応。仕上げのアイロンはクリーニング歴50年以上の店主の手により行っている。ドライクリーニングはカシミヤ100%コート3000円など。

クリーニング・カラキヤ

http://www.karakiya.com/
東京都港区高輪 2-7-8
03-3445-0974

ブランドものの特殊なクリーニングの実績多数。モンクレールやデュベティカなどのダウンジャケットは3780円〜、マッキントッシュなどのゴム引きコートは4200円〜。店頭にてその場でシミ抜きをするサービスも好評。一般的なコートのドライクリーニングは1890円〜、ドライとウエットのダブルクリーニングは3570円〜。宅配にも対応している。

ファッションケア たきもと

http://www.469430.com/
東京都渋谷区神宮前 2-18-11
0120-469-430

東京・原宿で創業75年。ファッション関係者からの信頼も厚く、高級ワイシャツやカシミヤコートなど、風合いをいかしたドライクリーニングを得意とする。宅配や衣類の保管サービスにも対応。クリーニング済みの衣類をハンガー1個350円から保管する。ドライクリーニングはコート1890円〜、ワンピース1680円〜。

染み抜き化学研究所

http://www.simiken.com/
北海道札幌市中央区北５条西 24-2-3
011-623-2002

一人の職人が一貫して担当するシミ抜き専門店。クリーニング店で断られた難しいシミでも預かっており、宅配にも対応している。料金は汚れや衣類に応じて一点ずつ見積もりを出す。目安はワンピースの食べこぼしなど小さなシミは1000～3000円、ペンキやインクの大きなシミは5000～8000円など。

三洋社クリーニング

http://www.h5.dion.ne.jp/~sanyosha/
愛知県名古屋市緑区篠の風 1-906
052-896-9098

黄ばみの漂白加工、汗抜き、シミ抜きに力を入れている。店主は「クリーニング技術研究会」に所属し、シミ抜きにまつわる書籍の監修にも参加した。コート1470円～、ワンピース1200円～。シャツやブラウスの全体漂白はクリーニング料金＋1000円など。WEBからの受付＆宅配にも対応している。

昭和ドライクリーニング

http://www2.ocn.ne.jp/~sd929/
福岡県北九州市戸畑区丸町 1-2-42
093-871-4786

本社・工場・事務所内の整理整頓清掃を徹底し、預かった衣類を大切に扱うよう心がけている。カシミヤなどのデリケートな衣類は一点ずつ仕上げる。シミ抜きが得意で、店主が責任を持って対応。毎年、3月中旬～6月末までのクリーニングには無料防虫加工をサービス。コート1300円～、ワンピース900円～。

古川クリーニング

http://www5.ocn.ne.jp/~decoy/
宮崎県宮崎市瀬頭 2-2-14
0985-22-7808

ドライクリーニングだけでなく、ウエットクリーニングにも力を入れている。なかでもカシミヤのクリーニングは独自の水洗いで特殊な仕上げ剤を使用し、仕上がりは不織布で梱包と、細心の配慮。カシミアニットは800円～、カシミヤコートは2000円～（ともにウエットクリーニング）。宅配対応は応相談。

まごころクリーニング わが

http://www.cleaning-waga.com/
埼玉県さいたま市大宮区仲町 3-129
048-642-6211

「人と地球と衣類に優しい」をコンセプトに、重曹やオレンジオイルなどの天然成分を使用し、素材やシルエットに応じたプロのナチュラルクリーニングを提案。ブランドものやとくにお気に入りのアイテムにはコースを設け、さまざまなシミトラブルに対応するメニュー「匠抜き」も設置。コートの場合、ドライクリーニング1260円～、ナチュラルクリーニング2520円～。宅配にも対応。

エバークリーニング

ever-cl.com/
神奈川県横浜市栄区犬山町 32-7
045-893-1623

預かった衣類は分類して前処理を行い、洗いの後には全品手仕上げをするという、手仕事重視の店。店主は、横浜市がすぐれた技能者として選定する横浜マイスターとして、地域の指導にもあたっている。オーバーコート1785円～、ワンピース1785円～。着物のクリーニングも得意とし、訪問着8400円～。宅配にも対応。

リフォーム

サルト　銀座店

http://sarto.jp/
東京都中央区銀座 2-6-16
第二吉田ビル 2F・3F
03-3567-0016

服と体型があわないために生じる各部のシワの解消、難しい肩のラインのお直しなど、服の造りを熟知した職人が高度な技術を発揮。最新のファッションやトレンドをキャッチし、デザインに配慮したリフォームを得意とする。ワンピースの肩幅つめ5000円〜、パンツのシルエット変更6000円〜。原宿にも店舗あり。

マジックミシン 渋谷東急プラザ店ほか

http://www.magicmachine-rs.com/
東京都渋谷区道玄坂 1-2-2
渋谷東急プラザ 4 階
03-3770-2207

全国に400店舗を持つチェーン店。服のラインを変える相談にも細やかに応じてくれる。一般的なリフォームのほか、一部の店舗ではリメイクや染色、車いすなどにあわせたユニバーサルリフォームに対応するなど、豊富なメニュー展開。スカートのウエストつめ・だし2625円〜、コートの肩幅つめ4200円〜。

お直しコンシェルジュ ビック・ママ 札幌パルコ店ほか

http://www.big-mama.co.jp/
札幌市中央区南 1 条西 3-3
札幌パルコ B2F
011-350-3745

仙台パルコ店、六本木ヒルズ店など、関東から北海道にかけて全45店舗を持つチェーン店。20代〜30代女性をメインターゲットに、「忙しいお母さんに代わって針仕事の代行をする」がコンセプト。衣類だけでなくバッグや靴やアクセサリーのリフォームにも対応。スカートの丈つめ1890円〜、ファスナー交換2100円〜。

洋服の修理 リフォーム ノック

http://www.rakuten.ne.jp/gold/reformnox/
東京都豊島区池袋 2-61-14
03-3988-6916

西武百貨店・そごう・伊勢丹など百貨店との取引実績は40年以上。WEBからの受付に対応し、かいものカゴでオーダーする仕組み。店舗側が手配する配送方法も選ぶことができる。その場合は伝票記入の手間が省け、送料も低コストにおさえられる。ジャケットの袖丈つめ2200円〜、ワンピースのすそ丈つめ2400円〜。宅配受付ＯＫ。往復送料無料。

オタマヂャクシ工房

http://www.otama.org/
埼玉県川口市石神 715 senkiya 内
048-456-5280

植木屋さんの古い小屋を改装して造られた個性派のショップ。ジュエリー作家を本業とする店主が、ジュエリーやアクセサリーのリフォームにも対応する。オーダーメイドなので料金はその都度、見積もりを行っている。目安は、ダイヤの立爪めリングをペンダントにリフォームする場合、2万円くらいから。郵送もOK。

シューズ ボックス 尾山台店

http://www.shoes-box.jp/
東京都世田谷区尾山台 3-22-4
マンヤスビル 1F
03-3703-1248

工房らしい雰囲気がおしゃれな店。とくに革靴などは長く履くほどに自分の足になじむから、履き続けるための修理やケアが不可欠と語る店主。一般的な靴のリペアのほか、ヒール靴を履きやすくするためのインソールのオーダーメイドも行う。部分補色1500円〜、革底全交換12500円〜。下北沢店もあり、宅配にも対応。

オリジナル帽子工房 イケガミ「RIQUE」

http://www.ordermade-bousi.com/
京都市西京区樫原杉原町 8-3
075-394-3838

職人によるハンドメイドのオーダー帽子店。着なくなった服の生地からオリジナル帽子を作ることも可能。1メートル四方の表生地を持ち込み、カタログから形を選ぶシステム。自分の頭のサイズぴったりに作れるのもうれしい。クロシェ、ベレー、ハンチングなどさまざまな種類があり、6300円〜。宅配にも対応。

繕いもの用手芸品など

ミタケボタン

http://www.button-web.com/
東京都中央区銀座 2-8-2　日柴ビル 4F
03-5159-8544

東京・銀座で創業66年のボタン専門店。ヨーロッパのボタンを中心に、ヴィンテージやアンティークなどの古いものから現行品まで、他店では見られないような美しいボタンがそろう。つけたい服を持ち込めば「日本で唯一のボタンニスト」である店主が、ボタン選びの相談にものってくれる。

&STRIPE（アンドストライプ）中目黒店

http://www.and-stripe-easton.co.jp/
東京都目黒区青葉台 1-25-3 小野ビル 1F
03-3714-3733

東京・中目黒駅から歩いて約10分、目黒川沿いにたたずむボタンやパーツの専門店。「実用的で、遊び心のあるデザイン」をコンセプトに、4000種類以上がそろう。布を使ったもの、楽器や動物をモチーフにしたもの、ハンドメイドのオリジナルボタンなど、バリエーションが豊富。吉祥寺にも店舗あり。

東欧を旅する雑貨店 チャルカ

http://www.charkha.net/
大阪市西区北堀江 1-21-11
06-6537-0830

東欧雑貨を扱う人気ショップ「チャルカ」では、東欧を旅しながら見つけたハンドメイド雑貨を扱っている。チェコの古い工房から直輸入したガラスボタン、民族衣装店で出会ったチロリアンテープ、ヴィンテージの手芸糸やハギレセットなど、独自の品ぞろえ。WEB通販にも対応している。

the button's ボタンで遊ぼう

http://the-buttons.com/
info@the-buttons.com
03-3251-6436

ボタン専門のオンラインショップ。シンプルな定番品からかわいいデザインのものまで、常時5000種類をそろえている。革、貝、木などの素材別に選べるほか、色やサイズごとに検索も可能で、目当てのボタンが探しやすい。ボタンの素材の解説や、選ぶとき、クリーニングに出すときの注意点なども掲載している。

越前屋

http://www.echizen-ya.co.jp/
東京都中央区京橋 1-1-6
03-3281-4911

創業1865年、刺繍を中心とする手芸用品の老舗。東京駅、京橋駅から徒歩5分ほどの八重洲通りに店舗がある。DMCやアップルトンをはじめとする刺繍糸、刺繍道具など、一部の商品はWEBからの通信販売に対応。また、電話やFAXオーダー（03-3271-4476）による通信販売にも対応している。

ドヰ手芸

http://www.doishugei.com/
兵庫県神戸市中央区三宮町 1-5-22
078-331-1573

神戸の三宮センター街にある手芸用品店で、刺繍関連の品ぞろえが充実。WEB通販では、刺繍とレース編みの2ジャンルにしぼり、手に入りにくい海外の材料を中心に扱っている。刺繍糸はウールやシルクや麻など素材別に項目が分かれていて、刺繍針は種類を解説しながら写真つきで掲載してあり選びやすい。

毛糸ピエロ

http://www.rakuten.ne.jp/gold/gosyo/
愛知県一宮市木曽川町玉ノ井大縄場
7の切61番地
0120-108-540

毛糸専門のオンラインショップ。物流センターでの直売も行っている。一般的なウールやアクリルの毛糸はもちろん、カシミヤ、オーガニックコットン、麻や絹の生成り、スペインやイタリアのもの、ウルグアイ産など、さまざまな編み糸をそろえている。セール品、共同購入などのお買い得品もあり。

グッズほか

葉山セレクト イノセンス

http://www.rakuten.co.jp/innocence/
神奈川県三浦郡葉山町一色 686-1
岩田ビル
046-877-0522

ドイツのブラシメーカー、レデッカー社の正規輸入代理店。さまざまな種類の洋服ブラシ（60ページ参照）、靴ブラシをそろえているほか、洗濯板や洗濯ばさみ、靴べらやブーツジャック、レッドシダーの天然防虫グッズも扱う。神奈川・葉山にショールームがあり、WEB通販も充実している。

てくてくねっと

http://www.tekuteku.net/
長野県飯田市上郷飯沼 2234-5
0265-53-5980

オーガニックの食品やナチュラル雑貨などを扱うショップ。長野県の飯田インターから車で約15分の場所に店舗があるほか、WEB通販が充実している。洗濯用石けん、重曹、クエン酸、酸素系漂白剤などのランドリー用品のほか、天然の材料を使った衣類の防虫アイテムもそろう。

TAMATOSHI

http://www.rakuten.ne.jp/gold/tamatoshi/
東京都千代田区岩本町 2-18-12
03-5687-0104

東京・岩本町にショールームを持つハンガー専門店。WEB通販ではドイツのすべらないMAWAハンガーが10本セットで割安に買えるほか、木製、樹脂製などさまざまな素材のハンガーがそろい、かける衣類の種類やサイズ別で検索できる。衣類カバー、洋服ブラシ、革用クリーナーなど、衣類のメンテナンス用品も豊富。

ナカタハンガー

http://www.nakatahanger.com/
東京都港区南青山 1-1-1
青山ツインビル西館 1F
03-6423-1222

高品質な木製ハンガーを製造しているハンガーメーカー。2000円台のジャケットハンガ　から、　枚板から削り出した30000円台の高級ハンガーまでそろう。東京・青山にあるショールームでは、細かなサイズや形、色などが選べるセミオーダーも。WEB通販も展開しており、オプションでハンガーにネームが入れられる。

ハッピーバリュー・コム

http://happyvalue.qj.shopserve.jp/
神奈川県横浜市青葉区奈良
5-1-10-202
045-960-1617

革のお手入れアイテムを中心に、靴、鞄、衣類などのケアと保管にまつわるグッズを扱うオンラインショップ。洋服ブラシ、衣装カバー、天然防虫剤や天然シダーを使った防虫効果のあるハンガー、シューキーパーなど、クローゼットまわりの必要なものがひと通りそろう。革のケアについてもていねいに解説している。

グリーンパックス館

http://www.rakuten.co.jp/
greenpacks/
075-954-5158

オーガニックコスメやエコグッズを専門としたオンラインショップ。ベルギー、カナダ、ドイツ、イタリアなど海外のエコ洗剤から、独自の洗剤づくりをしている日本メーカーのものまで、洗濯用洗剤が充実。天然材料やハーブを使った防虫剤や、ワンタッチの革クリーナー&トリートメントなども扱っている。

イノブン　四条本店ほか

http://www.inobun.com/
京都市下京区四条通河原町西入ル
御旅町 26
075-221-0854

雑貨や家具などを扱うインテリアショップ。京都を中心に13店舗を持つほか、WEB通販にも力を入れる。バス・トイレタリージャンルでランドリーグッズをそろえており、デュランス社のリネンウォーター各種、MAWAハンガー、がんこ本舗の洗剤、洗濯板や室内物干しなどを販売している。

参考文献

・『洗濯・衣類のきほん』池田書店編集部／池田書店　2009 年
・『洗濯王子に教わるおうちで快適クリーニング！』中村祐一／主婦と生活社　2009 年
・『驚きのシミ抜き事典 130』クリーニング技術研究会／永岡書店　2010 年
・『あなたの大切な服のために知っておいてほしいこと』古田 武／クロスト・ラインズ　2011 年
・『クリーニングのプロが教える家庭でできる洋服の洗い方とお手入れ』古田 武／マイナビ　2012 年
・東京クリーニング組合ホームページ　http://www.tokyo929.or.jp/

おわりにかえて

最後に、本書ではまとめきれなかった話、服の適正量について、考えたいと思います。

今回の取材中、服の処分について話しているときに、ある人が「捨てるためには、捨てない」といいました。クローゼットに服が入らなくなったら処分するけれど、それ以外で捨てることはないそうです。何気ないひと言ですが、とても印象に残りました。服とのつき合いかたを考えていくと、捨てるか、捨てないかというテーマに必ずぶつかるからです。一時的に「この服はもういらない」と判断しても、しばらくして「やっぱり捨てなければよかった」と後悔した経験を持つ人も、多いのではないでしょうか。その反対に、もう着ていない服がいつまでも捨てられないこともあるでしょう。

自分がどれだけの服の量を持つか、服を捨てるタイミングをどうするかに、正解はありません。

「服を減らして管理がしやすくなった」と話す人もいれば、「30年前の服も直して着ている」という人もいて、その両方に憧れます。

ひとついえるのは、服は手に入れて終わりではなく、そこからつき合いがはじまるのだということ。

手持ちの量は人それぞれとしても、その服を着続けるからには、クリーニングなどのランニングコストや、洗濯や衣替えなどの手間がかかります。「服を減らした人」も、「30年前の服を着ている人」も、じつはそう変わりはなくて、どちらも「自分が着たい服」が明確だからその判断をしました。そして、その服を着続けたいから、管理したり、直したりを、やっているのです。

自分が着たい服がわかるようになれば、「やっぱり捨てなければよかった」という後悔はなくなって、自分なりの適正量がつかめるのかもしれません。

今回の取材を通して、クローゼットに自分の気に入った服だけが並ぶうれしさや、好きな服にアイロンをかけたり繕ったりすることの楽しさを知りました。気持ちを向けて、手をかけただけの幸せが、きっと自分にかえってくるような気がしています。

この一冊が、大好きな服を長く着る暮らしの、お役に立てますように。

石川 理恵

取材・文　石川 理恵（いしかわ・りえ）
インテリアを中心に、子育て、料理、家事、仕事など、女性のライフスタイルにまつわる記事を執筆。著書に『展示・ものづくりはじめの一歩』『リトルプレスをつくる』(グラフィック社)がある。インディーズのブックレーベル「ひよこまめ書房」主宰。
http://hiyocomame.jp/

写　真　岩崎 美里
イラスト　坂本 奈緒
ブックデザイン　葛西 恵
DTP　五野上 恵美（技術評論社）
取材協力　本橋 ひろえ
古田 武（レジュイール）
撮影協力　横田 彩子
編　集　秋山 絵美（技術評論社）

10年《じゅうねん》着《き》るための衣類《いるい》ケアブック

おしゃれと手入《てい》れの楽《たの》しみかた

COMODO
CARE BOOK

2012年4月25日　初版　第1刷発行
2012年7月10日　初版　第2刷発行

取材・文　石川《いしかわ》 理恵《りえ》

編　者　COMODO《コモド》編集部

発行者　片岡　巌

発行所　株式会社技術評論社
東京都新宿区市谷左内町 21-13　電話　03-3513-6150／販売促進部　03-3267-2272／書籍編集部

印刷／製本　共同印刷株式会社

ISBN978-4-7741-5034-5 C2077　Printed in Japan